윤석열의 길

윤석열의 길

펴낸날   초판 1쇄 2022년 1월 25일

지은이   강철근
펴낸이   서용순
펴낸곳   이지출판

출판등록   1997년 9월 10일
등록번호   제300-2005-156호
주소   03131 서울시 종로구 율곡로6길 36 월드오피스텔 903호
대표전화   02-743-7661   **팩스** 02-743-7621
이메일   easy7661@naver.com
인쇄   (주)지오피앤피

값 17,000원

ISBN 979-11-5555-173-8 03340

※ 잘못 만들어진 책은 교환해 드립니다.

강철근 지음

윤석열의 길

이지출판

저 광야를 건너 통곡의 벽을 세우는 사람

어느 날 갑자기 우리 사회에 떠오르는 단어들이 있다. 그것은 바로 '거부'의 뜻을 가진 보이콧(Boycott)에 상응하는 바이콧(Buycott)으로 '긍정적인 마인드로 산다'는 뜻이다. 또 있다. 그것은 킬체인(kill chain)으로 북의 미사일 공격을 사전에 감지하여 선제적으로 타격을 가한다는 뜻이다. 달리 말하면 이 두 단어는 자유민주주의의 핵심가치인 경제와 국방의 문제에 대처하는 우리의 자세를 지칭하는 말이다. 우리는 이미 알고 있다. 이러한 가치를 구현할 수 있는 사람은 오직 한 사람뿐이라는 사실을….

광야에서 묵묵히 걷는 사람이 있다. 그가 걸어가는 광야는 아무도 가고 싶지 않은 길이다. 험하고 메마른 거친 땅엔 이정표도 없다. 누구든지 앞장서서 가야 하는 길이지만 아무도 나서는 사람은 없었다. 이 길을 지나야만 젖과 꿀이 흐르는 희망의 땅이 기다린다지만 누구도 장담할 수는 없다. 뒤따르는 군중들의 크고 작은 목소리는 하늘을 찌르지만 오직 진실만을 보고 가는 의지가 가장 필요한 시점이다.

지난 역사를 돌아보아도 저 광야를 헤쳐 나가는 사람은 거의 없었다. 까마득한 광야를 가로질러 장대한 바다를 건너갈 수 있는 초인은 없었다. 그러나 광야를 건너 그 바다를 쳐부수고 수억의 백성들을 이끌고 저 약속의 땅까지 꼭 가야 하는 사람이 있다.

우리가 지금 제1야당 윤석열 후보에게 지지를 보내는 이유는 오직 한 가지, 이 땅에 자유민주주의에 투철한 기본원칙을 다시 한 번 굳건히 세워 달라는 것. 그것은 다름 아닌 자유 그리고 공정과 상식이다. 그리고 이를 실현할 사람은 오직 그밖에는 없다는 확신 때문이다. 오죽하면 지금 21세기 한국의 야권이 세운 대선 목표가 공정과 상식일까?

우리는 지난 5년간 너무도 어처구니없는 불공정과 비상식을 뼈저리게 경험했다. 믿었던 인간과 정권에 의한 배신은 더 쓰라리다. 이 나라에서 두 번 다시 겪지 말아야 할 정부와 국민 간 불신의 장벽을 깨뜨려야 한다. 저 장벽은 우리 국민의 통곡의 벽이 되어 언제든 찾아가서 가슴을 털어놓고 함께 울고 고해하는 믿음의 광장이 되어야 한다. 다음 리더는 그것을 실현하는 사람이 되어야 한다. 그는 지난 일 년여 동안 온몸으로 이를 증명하였다. 다시는 불신의 장벽을 세우는 사람이 우리 리더가 되어서는 안 된다.

우리는 지금 이 순간 다른 나라의 정치 지도자 한 사람을 떠올린다. 그는 다름 아닌 대만 총통(대통령) 차이잉원(蔡英文)이다. 그를 공부하고 있노라면 실로 가슴이 아프다. "왜 우리는?" 잠깐 그에 대해 알아본다. 대만은 인구 2,400여 만 명의 작은 섬나라다. 차이 총통이 집권한 2016년부터 지난해까지 5년간 대만의 평균 경제성장률(4.46%)은 한국(1.85%)의 두 배가 넘는다. 이는 세계 최고의 수치다. 중국 본토보다 높다. 본래 대만은 올망졸망한 중소기업의 집합체였고 중국의 하청공장에 불과했다. 그러나 차이 총통 집권 후 대만은 첨단기술의 나라가 되었다. 똑같이 대만이나 한국의 주력은 IT지만, 지난 5년간 대만 증시의 자취안(加權) 지수는 95% 넘게 올랐고, 한국의 코스피(KOSPI) 상승률은 46%대에 그쳤다. 그러나 그의 가장 훌륭한치적은 대만의 국력과 국격 그리고 체질까지 확 바꿨기 때문이다.

어떻게 바꿨을까? 그는 민간의 창의를 가장 중시했다. 국가가 아니라 기업이 일자리 창출의 주인공이라는 확신으로 정부는 오직 후방에서 지원만 하였다. 한 가지 예로, 기업에서 반도체 인력이 더 많이 필요하다니까 즉각 각 대학이 반도체 전공 신입생을 일 년에 한 번이 아닌 6개월마다 뽑고 방학 기간을 조정해 연중무휴로 반도체 인재를 키우도록 하는 법제를 만들었다.

더 중요한 이유가 있다. 미국과 중국이 준전시 상태로까지 악화되는 상황 속에서 그는 가장 확실한 친미·반중 정책을 수립하여 강하게 밀어붙이고 있다. 이는 오직 자유민주적 기본질서 확립이라는 대명제 하에서만이 가능한 국가전략인 것이다. 세계 대국 중국과의 차별은 오직 자유와 인권밖에 없다는 정치적 신념의 소산이다. 물론 이는 결과적으로 대만·중국 관계 최악이라는 외교 성적표가 나와서, 지금 양안의 긴장은 일촉즉발 상황인 것은 분명하다. 하지만 대만의 선택은 자명하다. 자유민주주의만이 승리한다는 것이다. 그의 신념을 지지한다.

우리는 이 책을 통해서 제1야당 윤석열 후보를 정확하게 알고자 한다. 그가 가는 길은 분명 숱한 선구자들이 목숨을 걸고 투쟁하며 걸어간 광야다. 그러나 길도 달랐고 상황도 달랐으며 겪어야할 고난도 다르다. 국내 상황은 몹시 혼탁하며, 국제 질서는 무너지고 있다. 모든 것이 한치 앞을 내다보기 어렵다. 나는 이를 광야에서 벌이는 현대판 십자군전쟁으로 규정하였다. 우리는 그를 통해서 대선의 미학을 찾고자 한다. 비록 순백은 아니더라도 얼마든지 아름다울 수 있을 것으로 믿는다.

지금 국제 정세는 몹시 위험하기 짝이 없다. 양안 관계(중국과 대만 관계)서부터 러시아의 우크라이나 침공에 이르기까지 모두 우리가 제어할 수 없는 엄청난 위험을 내포하고 있다. 가장 중요한 문제는 북한이다. 지난 5년간 저들은 막무가내의 전횡을 일삼았다. 그런 것들이 얼마든지 용인되었으니까 갈 데까지 가고 있다. 그것이 문제다. 이 문제는 우리의 가장 커다란 장점인 자유민주주의의 완성으로 이겨 낼 수 있다. 정치적 리더의 가장 중요한 책무는 여기에 존재한다. 국민의 안전과 풍요를 보장하는 일보다 더 중요한 일은 없다. 부동산, 원전, 교육, 세금 문제 그리고 대미·대중 관계의 정립, 한두 가지가 아니다.

이제부터 얼마 남지 않은 대선은 우리가 지난 세월 절절하게 경험했듯이 너무도 중요한 일이다. 우리가 선택하는 순간 우리 운명이 결정된다고 해도 과언이 아니다. 다시 말해 우리 운명은 우리가 결정한다.

2022년 1월
강철근

윤석열의
길

제1부
광야에 선 사람

1. 한 번도 가보지 않은 길

광야 한복판에 서 있는 사람이 있다. 그는 풀 한 포기 나무 한 그루 자라지 않는 척박한 광야에서 한 번도 가보지 않은 길을 홀로 가고 있다. 그가 가는 길은 위험천만하고 거친 곳뿐이다. 그리고 그 길은 한없이 고통스러운 여정이다. 온갖 뱀과 전갈과 독충이 곳곳에 숨어 목숨을 노리고 도사리고 있다.

그 광야의 종착지는 없다. 가도 가도 끝이 없는 여정일 뿐이다. 그 영원한 종착지는 사실은 시작에 불과하다. 그 종착지에 일단 이르기 위해서는 엄청난 고통과 희생이 따른다. 그리고 그 종착지에 이르기 위해서는 수많은 광야를 거쳐야 한다. 우리는 이제부터 크고 작은 저 광야들을 하나하나 살펴보고 또 그 종착지에서 시작하는 새로운 여정도 함께 살펴볼 것이다.

사실 우리는 이미 잘 알고 있다. 그 광야가 의미하는 실체들과 그들이 벌이는 광야의 춤판이 얼마나 살벌한 것인가에 대해서. 그 음모의 깊이와 별의별 수단과 방법들은 아무도 예측할 수 없으며, 야당과 국민 전체를 혼돈과 방향감각의 상실까지 불러일으킨다.

우리의 이번 대선판은 그 살기와 적개심으로 똘똘 뭉쳐 있어서 그 어느 것도 함부로 다룰 수 없는 위험천만한 용광로와 같이 들끓고 있다. 그것이 어느 나라에서는 전 국민이 참여하는 축제 한마당이겠지만, 어느 나라에서는 죽기 살기 식의 전쟁판으로 돌변한다. 우리나라는 어떠할지, 말할 필요도 없이 후자에 속한다. 그렇기 때문에 대선 후보로 나서는 사람들은 보통의 각오로는 안 된다. 특히 야당 후보는 저 옛날부터 죽음을 불사하는 필사적인 자세로 임해야 한다.

지금 민주주의를 선택한 우리나라의 현실도 저 옛날과 그리 다르지 않다. 요즈음에 이르러서는 그 현실이 더욱 실감난다. 야당 후보 본인은 물론 그 가족까지도 벼랑 끝으로 밀어붙인다.

2. 윤석열이 건너는 광야

구약성경에 〈출애굽기〉가 있다. 모세가 이집트 왕자로서의 모든 영화를 다 버리고 동포 유대 민족을 이끌고 젖과 꿀이 흐른다는 가나안 땅을 향해 아무도 가지 않는 저 광야를 건너는 이야기다. 수천여 년간 내려오는 그 이야기의 의미는 간결하다.

첫째, 노예 신분으로 오랫동안 고통받고 있던 동포들을 구출하여 희망의 땅 가나안으로 향해 가는 모세에게 처음에는 그저 고마워하던 동포들이 점차 차갑게 변해 가는 것이다. 그러더니 듣도 보도 못한 기괴한 우상들까지 동원하여 난장판을 만들어 버리기까지 한다. 그 우상들은 아무도 믿지 않고 아무도 쳐다보지 않던 것들이었다. 그런데 지금은 백성들 마음이 돌아서서 그런 기괴한 우상들을 섬기는 것이다.

지금 우리 앞의 우상들은 무엇일까? 그것은 저들이 그동안 금과옥조처럼 여겨오던 기본소득이나 사회주의적 국가주도 경제정책들을 국민이 외면하니까 손바닥 뒤집듯 급변조한 온갖 거짓 약속이며, 달콤한 지원금들이다. 그리고 가는 곳마다 그 자리에서 급조한 약속들이다. 또 저들은 필요하다면 그토록 온 국민이 둘로 갈라져서 대립하던 조국 문제조차도 간단히 사과해 버린다. 야당 후보가 경제 정책만은 잘해 왔다고 칭찬하던 전두환 전 대통령을 마구 공격하고 침뱉던 저들이, 전 대통령 고향에 가서는 그를 칭찬한다. 박근혜 전 대통령도 존경한다더니 돌아서서는 정말 존경하는 줄 알았더냐며 비웃는다. 거론하자면 한도 끝도 없다. 바로 이런 것들이 우상이다. 우상은 파괴되어야 한다.

둘째, 국민에 대한 흔들림 없는 확신이다. 이스라엘 백성들은 평소에는 거들떠보지도 않다가 무슨 불만만 생기면 모세를 원망하며, 왜 그들을 이집트에서 데려왔느냐고, 그들과 그들의 자식들과 그들이 먹이는 집짐승들을 목말라 죽게 할 작정이냐고 대들었다. 당연히 모세는 화가 나서 "당신들은 어찌하여 나에게 대듭니까? 어찌하여 그분을 시험하십니까?" 하고 책망하였다.

사실 여기에는 몇 가지 의미가 숨어 있는데, 성경학자들은 이를 모세가 자신도 모르는 사이에 '기득권자'가 되어 있었던 것으로 해석한다. 그것도 잊혀진 기득권자로서. 그러다 보니 모세의 마음이 많이 상해 있었고, 칭찬받고 존경받고 관심을 받아야 하는데 점점 이스라엘 백성들의 뇌리에서 사라지고 있는 기득권자가 되어 버린 것이다. 그래서 '대들었다'는 표현을 사용한 것이고, 자신의 이름을 앞세운 것이라고 해석한다. 기득권자의 오만함이 자신도 모르게 생겨난 것이다.

결국 어느 경우라도 리더는 기득권자가 되어서는 안 된다. 그래야 자신을 내려놓고 다른 사람들과 함께할 수 있고, 국민에 대한 흔들림 없는 확신을 가지고 상호 신뢰 속에 하나가 될 수 있다.

셋째, 격렬한 전쟁을 통한 세대통합 과정을 보여 준다. 흐트러진 이스라엘 백성들을 지켜보던 적들이 쳐들어와 그들을 위협하는 전쟁이 벌어진다. 성경은 이 아말렉 전투를 통하여 새로운 세대인

여호수아와 홀이 등장하게 된다. 마치 세대교체가 이루어지고 있는 듯하지만, 그것이 아니라 이스라엘 공동체가 '세대교체'가 아닌 '세대통합'이라는 아름다운 길을 걷게 되는 것이다. 여전히 모세를 리더로 하되, 다양한 방법으로 공동체가 하나가 되도록 세대와 세대를 통합하는 과정이 된다.

대선이라는 격렬한 전쟁을 치르면서 승리를 위하여 전 세대를 아우르는 세대통합을 일으켜야 한다. 이는 2030에서 5060에 이르기까지 지난 시간 진영 논리에 소외되고 진심이 통하지 않았던 사람들과 부정직한 소득을 싫어하는 사람들을 가려내어 함께 가는 전략이다. 이 작업은 고통스럽지만 꼭 해야 하는 일이다. 대선 이후에도 더욱 필요한 일이다.

3. 우상은 파괴되어야 한다

'지지율 여론조사'라는 우상

구약의 모세시대 이후에 지금 현대를 사는 우리에게도 우상은 도처에 깔려 있다. 그 첫 번째 우상은 '지지율 여론조사'라는 것이다. 불과 보름 전 혹은 한 달여 전의 여론조사가 아무리 여러 가지 변수가 있는 대선판이라 해도 이렇게 급변할 수가 있을까? 아무리 여당 측 후보의 놀라운 변신이 크게 작용하였다 해도 그렇다. 아무리 정부 여당이 총체적으로 팔 걷어붙이고 달려들었다 해도 그렇다. 아무리 여권 내 모든 인사들이 다 달라붙어 응원한다 해도 그렇다. 아무리 야당 후보가 말실수나 부인의 의혹이 크다 해도 그렇다.

이것은 정부 여당이 가지고 있는 언론 장악 권력과 결코 무관하지 않을 것이다. 그것은 정말 간단하다. 그들이 마음만 먹으면 여론조사 결과라는 것이야 얼마든지 바꿀 수 있는 것이다. 다만 그것이 총체적으로 이루어졌을 때 분간하기 쉽지 않을 뿐이다.

이럴 때 정말 꼭 필요한 일은 국민에 대한 흔들림 없는 확신이다. 후보는 오직 국민만을 보고 가야 한다. 주위의 가십성 소음에 흔들리지 말아야 한다. 지금 벌어지는 온갖 소리는 그저 소음일 뿐이다. 후보는 후보 나름의 소신으로 자기다움을 가지고 선거에 임해야 한다.

윤석열다움은 올곧고 힘찬 정직한 황소 같은 뚝심이다. 황소는 우직하고 묵묵하게 주어진 일을 해나가는 긍정의 상징이다. 그것은 아무도 따라할 수 없는 장점이다. 상대 후보와 비교할 때는 더욱 두드러지는 장점이다. 백 마디 말보다는 이러한 상징성 하나만으로도 충분히 이길 수 있다. 여론조사에 일희일비해서는 안 된다. 주변의 어설픈 충고 따위는 잊어 버려야 한다. 정책적인 측면에서야 어쩔 수 없이 공부하고 자신의 것으로 만들어 나간다 해도 본질적인 인품만큼은 더욱 발휘해 나가야 한다. 그런 자기만의 장점을 잊어버리면 안 된다. 끝까지 고수하여야 한다.

'야당 대표 등 주변의 주요 인사'라는 두 번째 우상

두 번째는 '야당 대표 등 주변의 주요 인사'라는 우상이 있다. 그들은 선거 막바지까지 자신을 알아달라고 후보를 괴롭힐 것이다. 만약 그 인물들이 정말 소인배라면 과감히 내쳐야 한다. 검찰 조직 같은 상명하복의 위계질서 속에서 움직이던 윤 후보 같은 사람은 정글 같은 정치판에서 생존하기 쉽지 않을 것이다. 정글 속에서는 아차하면 목숨이 날아가는 위기에 처한다. 사자나 호랑이 같은 큰 짐승은 물론이고 아주 작은 도마뱀조차도 순식간에 먹이를 채간다. 독수리 같은 날짐승은 상처가 나서 비틀거리는 짐승 주위를 맴돌다 그가 조금이라도 쓰러지거나 넘어지면 바로 달려들어 급소를 물어 죽인다. 이것이 정글의 법칙이다.

정치판은 정글의 법칙이 가장 살아 움직이는 동네다. 잠시도 숨 돌리면 안 된다. 아무도 믿어서는 안 된다. 지금까지 살아온 본인만의 판단으로 발걸음을 내디뎌야 한다. 자기 가족도 자신만이 지켜야 한다. 아무도 대신해 주지 않는다.

'정책'이라는 우상

세 번째는 '정책'이라는 우상이다. 모두 자신들이 내세우는 정책이 최우선의 가치 있는 정책이라 주장할 것이다. 그러나 사실 정책은 지금 당장 크게 중요하지 않다.

작년 국민의힘 후보 토론 때 모 후보가 "작계 505를 아시는가?"라는 질문을 던진 바 있다. 그는 이 문제를 다루는 외무정보위원회 소속이었다. 작계505는 실로 아무것도 아니다. 공무원이나 전문가와 30분 정도 토론하면 바로 판단할 수 있는 것이다.

물론 중요하다. 하지만 후보 토론 때 주제가 될 성질의 것은 아니다. 더군다나 대통령은 매일 공무원과 전문가들과 논의하고 정책을 세우는 일을 한다. 그래서 지금 후보가 모든 정책을 알고 있을 필요는 없다. 오직 정책의 근간을 정확하게 이해하고 있으면 된다. 예컨대, 대장동 의혹 같은 공조직과 민간이 함께 엄청난 부당이득을 취한 것에 대한 정확한 판단이 필요할 뿐이다.

정책이라는 우상으로 후보의 판단을 흐리게 해서는 안 된다. 후보는 오직 국민만을 보면서 자신이 가져야 할 국가의 기본방향과 국정철학을 가지고 있으면 되는 것이다.

제2부
광야에서 벌이는 현대판 십자군전쟁

1. 십자군전쟁의 의미

서양의 중세를 바꾼 십자군전쟁이 있다. 이 전쟁은 11세기에서 13세기 말까지 200여 년 동안 진행되면서 서양 중세를 완전히 개혁시켰다. 십자군전쟁이 시작될 때 절정이었던 교황의 권력은 그 격렬한 전쟁이 결국 실패로 끝남으로써 크게 약화되었다. 반면 정치적 측면에서 오히려 왕권이 크게 강화되었다. 교황권의 약화와 함께 십자군에 종군했던 기사계급들이 몰락하였기 때문이다.

십자군전쟁 이후 왕권이 성장하고 그와 함께 일반 백성의 힘도 같이 성장하여 국민국가의 발전도 앞당겨지게 되었다. 경제적인 변화 또한 눈에 띄게 발전하였다. 십자군전쟁으로 인해 지중해 무역이 재개됨으로써 상업이 발전하였다. 뿐만 아니라 문화적으로도 이슬람과 비잔틴의 새로운 문화가 서유럽에 유입되어 중세 문화가 만개하는 계기가 되었다. 그러나 이러한 변화들은 결국 새로운 시대의 원동력이 되었고 그 과정에서 중세는 급격하게 몰락했다. 그렇게 역사는 우리가 예상하지 못했던 의외의 성과를 주기도 한다.

이번 대선 결과가 어떻게 되든 역사는 우리에게 또다시 새로운 의미를 던져주게 될 것이다. 그것이 우리가 대선을 음미하는 이유이기도 하다. 수많은 광야 중에서도 이번 대선판의 의미와 방점이 특히 쏠리고 있는 지점은 언론에서 누누이 말하는 그 실체도 불분명한 소위 '중수청'이다. 중수청이란 중도, 수도권, 청년층을 말하는데, 그것이 대체 어쨌다는 건가? 자칫하면 우리 사회 양극화의 문제를 불러일으킬 수 있는 아주 예민한 문제다.

나는 2030과 5060을 툭하면 대비시켜 문제를 찾으려 하는 의도를 알고 싶다. 그 세력이 가지는 의미를 찾아보고 싶다. 그리고 오히려 이 역사적인 대선을 통해서 양극화가 아닌 우리의 미래세대인 청년층이 다시 한 번 일어서기를 바라는 것이다.

면죄부 남발

우리는 이번 대선을 십자군전쟁이라 부른다. 좌파독재세력은 어느덧 절대권력을 가지고 이 나라를 비상식과 불공정 그리고 내로남불의 피아로 구분하는 갈라치기를 통하여 그들 편만의 들도 보도 못한 괴상한 세계관을 세워 놓았다. 그들은 어느덧 자신들도 모르는 사이에 현대판 엉터리 교황이 되어 있었다. 그들은 아무 거리낌 없이 국민들 특히 자신들 편에게 면죄부를 마구 남발하면서, 이제 그대들은 죄가 없어졌다고 선언하며 상대 진영에게 모든 죄를 덮어씌우고 있다.

국민들은 엉터리 매스미디어들이 쏟아내는 일방적 정보를 받아들고 광야의 한복판에 갈 길 모르고 우두커니 서 있다. 국민들은 처음으로 부딪치는 광야의 회오리바람에 몸서리치면서 당혹감에 무엇이 옳은지 어디로 가야 할지 분간할 수 없는 혼돈 속에서 방향감각을 잃어버리고 마냥 서 있다. 그러면서 지난 5년 동안 그렇게 당하고 걷어차였으면서도 어진 우리 백성들은 오직 자기 자신이 처한 운명을 탓하고, 자신의 팔자소관으로 돌린다. 누군가 말했다. 한국인들은 정말 위기에 처했을 때, 누구를 죽이는 대신 자기 자신을 죽인다고….

당장 멀리 갈 것도 없이 우리는 분명하게 지켜보았다. 대장동 의혹 사건에 휘말린 핵심 키맨 유모 씨와 김모 씨 두 사람은 자신을 그렇게 만든 주역 대신 자신을 죽였다. 그 어머니의 절규가 아직도 귀에 생생하다. 그분이 한 말도 생생하다. 그렇게 역사는 지나가고 새 역사는 다시 쓰여지고 있다.

2. "무릎을 꿇고 살기보다는 차라리 서서 죽겠다"

이제 우리의 지향점은 분명해졌다. 십자군전쟁의 완성으로 이룩한 국민국가의 창업정신으로 썩은 교황의 면죄부를 불태우고 종교개혁의 깃발을 높이 세워야 한다. 지난 시간 내내 썩은 동아줄로 내로남불과 국민 편가르기를 일삼는 위선과 욕망의 화신들을 깊은 구덩이에서 살려내려는 권력자들을 상대로 광야에서 목숨 걸고 투쟁한 애국시민들 맨 앞에서 싸워 온 인물을 구출해 내야 한다.

지금 그는 절규한다. "무릎을 꿇고 살기보다는 차라리 서서 죽겠다"며 반드시 정권 교체를 이뤄 내겠다고 말했다. 그가 토해 낸 절규는 멕시코의 혁명 영웅 에밀리아노 사파타가 남긴 말이다. 사파타는 20세기 초 멕시코 독재정권에 항거했던 인물이다. 그는 백여 년 전 삼십 대 나이에 농민군을 결성해 무장투쟁을 벌였고 결국 암살당했다. 아르헨티나 태생의 혁명가 체 게바라도 사파타의 말을 인생관으로 삼았다. 이 시점에서 우리가 음미해야 할 가장 분명한 말이다.

586 종말론

현 정부의 주력부대인 586세대(50대 · 80년대 학번 · 60년대생)는 말하자면 십자군전쟁 당시의 기사계급에 해당한다고 할 수 있다.

그들은 현 정부에 가장 든든한 배경이 되어 주었고 힘의 원천이 되었다. 모든 국가 주요업무는 그들이 독차지했고 그들이 모든 일을 주도했다. 그러나 그 배경을 살펴보면 그리 간단치 않다. 그것은 그들보다 더 젊고 힘있는 2030세대가 스스로 '촛불집회'의 주인공이고 탄핵의 주역이며 문재인 정부를 직접 만든 장본인이라고 믿었지만, 갑자기 586세대가 기득권을 주장하면서 속절없이 그 성과를 독점했다.

지금 이 순간 머리에 떠오르는 숱한 면면들을 생각해 보라. 그들이 했고 하고 있는 일들을 보라. 그 결과 2030세대는 이 정부가 그토록 내세우던 공정에 대해 다시 생각하게 되었고, 계속되는 말도 안 되는 내로남불에 대하여 절망하게끔 되었다. 대체 공정함의 의미가 무엇인가? 보수 진영의 행태를 공격할 때와 자신들이 그보다 더한 해괴한 행태를 자행할 때의 이중잣대는 분노와 절망을 맛보게 하였다. 그것이 2030세대가 현 여권으로부터 멀리멀리 떠나버린 이유다.

그렇기 때문에 말도 많고 탈도 많던 586세대 정치인들에 대해 '드디어 종말론'이 나오게 된 배경이 되는 것이다. 그들에 대한 수많은 비판 중에서도 가장 치명적인 것은, 소위 586 민주화 엘리트들은 이번 정권 창출을 통해서 과거 기성세대 못지않게 권력과 돈 그리고 가장 중요한 도덕성이라는 훈장까지 망라한 막강한 힘을 다 가지게 되었다. 역시 그들도 과거의 선배들과 다르지 않았으며, 아니 오히려 훨씬 더했다. 그들 역시 헝그리 정신으로 마구 권력과 돈에 천착하였다.

거론하기도 싫은 지긋지긋한 조국사태는 강남 좌파와 586 엘리트가 오랫동안 감춰 온 위선과 욕망의 민낯을 드러냈다는 지적이 도처에서 난무했다. 그러면서 그 비열함과 저급함에 대한 비판 언어로 "통찰은 부족하고, 성찰도 없으니 '현찰'만 쫓는다"는 비아냥을 듬뿍 들었다. 그런 자들이 정말 엘리트인가? 그들은 도덕을 밑천으로 장사정치를 했기 때문에 "그건 바로 사기죄다"라고 같은 세대의 정치평론가들이 폭격을 날렸다.

이어 어느 순간부터 586 민주화 세력들은 자신도 모르게 무능·위선·부패의 상징이 되었다. 그들은 더 이상 양심세력도 아니고 개혁의 아이콘도 아니다. 그저 호시탐탐 돈과 자리만 탐하는 냄새 나는 기성세대로 전락했을 뿐이다. 우리는 진저리나게 몇 년 동안 생생하게 지켜봐 왔다. 그들은 이미 오래전 개혁의 대상으로 전락했는데도 아직도 개혁의 주체인 양 행세한다. 그것이 586세대가 정치권에서 물러나야 하는 이유다.

고위공직자범죄수사처(공수처)의 무차별적 통신자료 조회에 대해 야당에서는 "남영동 대공분실, 안기부 적자가 바로 공수처 아닌가"라고 맹공했다. 그리고 그렇게 "검찰개혁을 외치더니 정부 여당이 만들어 놓은 것이 결국 공안기관이다. 고문만 안한다고 민주정권인가. 민주화운동 잠깐 했다고 전체 국민을 눈 아래로 보며 우려먹던 이들이 야합해 선거법이랑 엿 바꿔 먹은 게 바로 공수처"라며 비판했다.

또 "이것이야말로 민주당의 주류 586이 자신들의 정체성을 부정하는 행위를 하고 있으며, 박정희 정권이 노동3권을 억압했고, 5·18과 권위주의 통치라는 전두환 정권의 어둠 때문이라고 공격하면서, 586 본인들은 아무 성과 없이 나라를 거덜낸 주제에 21세기 한국에서 민간인 사찰을 해온 것이 들통났다. 그들의 적반하장을 보면 뇌가 무식해서가 아니라 586의 마음자세 자체가 반민주다. 오직 자기들만이 온 세상의 위에서 호통치는 존재라는 인식을 가지고 있다"라고 강하게 비판했다. 그러면서 "그들은 뼛속까지 구태고 파쇼"라며 "그 정도 피와 꿀을 빨았으면 이제 그만하라. 공수처를 태어나게 한 정당 후보들은 이걸 어떻게 끊어낼지 밝힐 요량이 아니면 모두 후보 사퇴하라"고 덧붙였다. 실로 가슴속까지 서늘해진다.

3. 배신감에 치를 떠는 어제의 동지들

'조국백서'(원제 《검찰개혁과 촛불시민》)에 맞서는 《한 번도 경험해 보지 못한 나라, 이건 나라냐?》를 펴내 돌풍을 일으킨 일명 '조국흑서'

팀도 새로운 길을 모색하고 있다. 권경애 변호사는 '조국의 시간'을 파시즘적 징표로 해석한 《무법의 시간》을 썼으며, 시사평론가 진중권 전 동양대 교수는 《이것이 우리가 원했던 나라인가》를 출간했다. 조국사태 이후 참여연대를 박차고 나온 김경율 회계사는 시민단체 '경제민주주의21' 공동대표로 대장동 개발 특혜 의혹을 파헤치는 데 화력을 집중하고 있다. 기생충학자 서민 단국대 교수는 특유의 재치 있는 화법으로 '빨대포스트'라는 시사 유튜브 채널을 운영한다.

그들의 대정부 발언 내용을 보면 그들이 얼마나 이 촛불정권에 실망하고 그래서 증오하게 되었는지 절감하게 된다. 그들은 어제의 동지들에 대한 배신감에 치를 떨며 차라리 엿이나 먹으라는 심정으로 저들을 조롱한다. 심각함은 오히려 저들을 칭찬하는 말처럼 들릴까 봐 조바심을 내는 것 같다. 미움이 증오로 변하면 저렇게 되는구나 하고 이해하게 된다. 어제의 연인이나 부부들이 헤어지면 참담한 욕설이 난무하게 되는 법이다.

실로 조국사태에서 보여 준 일련의 행태와 이를 방어할 때의 모습은 그야말로 기괴함의 하이라이트였다. 조국 부인 정경심 전 동양대 교수가 검찰 모르게 컴퓨터를 빼돌리는 장면을 '귀중한 자료를 검찰로부터 보호하기 위함'으로 둘러대고, 동양대 가짜 증명서 발급 행위를 거꾸로 동양대 총장의 사기행위로 몰아붙이는 장면은 경악 그 자체였다. 그 순간부터 우리는 할 말을 잃게 되었고, 더 이상 예를 들 필요조차 없이 5년 가까이 보여 준 일련의 총체적 난국과 공정의 이중잣대가 이 정부의 심벌이 되었다.

스윙보터 2030

압도적 스윙보터(swing voter, 누구에게 투표할지 결정하지 못한 투표자)로서 젊고 패기만만의 2030세대는 판단을 유보한다고 한다. 그들은 대체로 앞뒤 볼 것 없는 개인주의자들이다. 그런데 현 정부는 자신들의 내로남불 정책으로 개인의 욕망을 인정하지 않았다. 부동산 정책만 봐도, 서민들이 돈이 없어 대출받아 집 사는 것을 탐욕이라고 비난하며 갑자기 금지시켰다. 아니, 뭐 소급입법도 다반사. 그때그때 달라요. 세상에 소급입법으로 국민의 기본권을 마구잡이로 제한할 수 있다는 사고방식에 매번 어안이 벙벙할 뿐이다.

수십 번 바뀐 부동산 관계법령 대부분이 자기들 맘대로 시도 때도 없이 바꾸면서 낯빛 하나 변하지 않는다. 위헌적 요소가 다분한 종부세도 국민의 기본적 의무라고 주장한다. 임대차 3법을 졸속 추진하여 집값 전셋값 다 올려놓고 집값 오르니 당신들도 좋고 정부는 세금 올려 받아서 더 좋다고 대놓고 말하는 철면피들이다. 누가 공시 지가나 집값 올려 달라고 애원한 것도 아닌데, 국민연금, 국민건강보험, 종부세 등을 하룻밤 새 끔찍하게 올려놓고 집 값, 땅값 올랐으니 당연히 모든 것이 올랐다고 대놓고 말한다. 그리하여 초과세수가 수십 조 원 되니까 어디에 쓰는지도 모르게 흥청망청 써댄다. 조금만 총명한 젊은이들이라면 정부 돈 빼먹는 기술이 거의 예술이다. 대학교수들이 진심으로 걱정하는 말들이 저러다가 아이들이 일은 안하고 돈 빼먹는 기술자만 양산하게 된다는 것이다.

젊은이들에게는 자기들이 "강남에서 살아봤는데 별거 아니다", "비좁은 임대주택도 살기에 괜찮다"라고 한다. 현 정부 집권자들은 그들을 잘 모른다. 그들은 공짜로 나눠 준다는 돈도 받기 싫다고 한다. 오죽하면 70퍼센트 젊은이들이 거부하니까 마구 주겠다고 외치던 여당 대선 후보가 그 정책을 급작스럽게 철회했을까?

그들은 다르다. 무엇보다도 불공정을 가장 혐오한다. 2030은 그런 586들이 뒤로 물러나주기를 원한다. 민주당 주류가 586이다. 지난 4·7보궐선거 당시 현 정부의 울타리에서 빠져나간 2030은 오세훈, 박형준 시장을 압도적으로 당선시키며 처음으로 자신들의 파괴력을 입증했다. 다음 대통령선거에서도 자기들이 판세를 뒤집을 것이라 선언한다. 지난번 국민의힘 당대표 경선에서 이준석을 당선시키며 이들은 다시 한 번 각오를 다졌을 것이다.

대장동 – '공(公)'을 소멸시키고 정의를 파괴한 사건

대장동 사건은 제20대 대선을 달굴 가장 핫한 대사건이다. 그에 대한 해석과 조사는 지금 당장 특검으로 이루어져야 할 것이지만, 파고들면 들수록 우리의 좌절감과 절망감만 깊어짐을 토로할 수밖에 없다. 이 사태는 언론에서 지적한 바대로 기본적으로 '공(公)'을 소멸시키고 정의를 파괴한 사건이다. 국민의 단심으로 촛불로 세운 이 정부는 엄청난 기대 속에 탄생했지만, 그들이 말한 100가지 원칙 중 단 하나도 지키지 않았다. 위선, 무능, 부패는 어느덧 586의 상징이자 이 정부의 표상이 되어 버렸다.

결론적으로 우리 국민은 이번 대선에서 공정과 정의 같은 고차원적 논의가 아니라 기본적인 상식과 공정의 회복을 원한다. 거창한 대선 공약은 차치하고라도 아주 간단한 상식을 원한다. 그래도 정부가 민간과 다른 점은 어느 한두 사람 혹은 한두 세력의 이익이 아니라 최소한 작은 공동체 모두의 이익을 위해 노력하는 모습이라도 보여야지, 그렇게 노골적으로 엄청난 이익을 몰아주는 짓거리를 해서는 안 되는 것이었다. 지금이 조선시대도 아니고 그렇게 노골적으로 약한 백성들의 고혈을 짜내는 짓을 해서는 안 되는 것이었다.

대장동 의혹을 분석하면 할수록 의혹이 풀려나가는 것이 아니라 오히려 점점 더 의혹 속으로 빨려 들어가게 된다. 이것이 문제다.

4. 역사를 보는 눈–종식시켜야 할 오래된 미래

조광조는 조선 중종조의 신진 사림파의 거두였다. 반정(反正)으로 왕위에 오른 중종은 적통 논쟁으로 언제나 열등감에 휩싸여 있었고, 정권을 잡고 있는 훈구파에 대항하기 위해 신진 사림파를 대거 등용했다. 그중에서 조광조는 발군이었다. 조광조의 급격한 개혁정치에 심각한 두려움을 느낀 훈구파는 조광조를 제거하기 위해 유치하기 짝이 없는 음모를 꾸몄다. 그것이 우리 모두 잘 아는, 오동나무 잎사귀에 '주초위왕(走肖爲王)'이라 쓰고 꿀을 발라 벌레가 파먹게 한 뒤 이를 조광조의 역적 모의라고 몰아붙여 그를 죽여 버렸다.

이상하게도 이런 한심한 음모의 정치는 꾸미는 자들이나 당하는 자들이나 모두에게 통한다. 이런 유치한 음모는 이순신에게도 씌워 그가 적장 가토 기요마사(加藤淸正)를 공격하지 않았다는 계략을 꾸미며 죽음으로 내몰았고, 이순신을 등용시킨 류성룡에게도 덮어씌워 그를 내몰았다. 또한 정약용 등 신진 엘리트 남인들에게도 그대로 적용하여 처절하게 몰살시킨 찬란한 전통이 있다.

이런 참혹하고 어처구니없는 음모와 빤히 보이는 그 미래는 지금 현재까지도 지속되고 있다. 이것이야말로 하루빨리 종식시켜야 할 오래된 미래다.

투사형 리더십이 절실히 필요한 때

어느 날 갑자기 대선판에 뛰어들어 야당 대선 후보가 된 그의 분노의 포효를 보면서 아, 지금은 아데나워나 메르켈 같은 경륜의 경세가가 아니라 영국의 막강한 탄광노조를 일년여 투쟁 끝에 항복시킨 마가렛 대처 수상이나 영국과의 식민지 전쟁을 승리로 이끈 조지 워싱턴 같은 투사형 리더십이 절실히 필요한 때라고 생각하게 되었다. 아니, 여기저기 쌓인 오물을 깨끗이 청소하는 이퀼라이저가 필요한 시기라고 믿게 되었다.

새 정부는 너무도 커다란 장벽이 즐비하다. 과반수를 훨씬 상회하는 국회의원 숫자, 편향된 수많은 민간단체, 이북과 연관된 단체들, 곳곳에 심어놓은 인적 장벽들 등 엄청난 장벽들을 어떻게 할 것인가? 지금 오세훈 서울시장을 보면 충분히 그 미래가 보인다. 이 또한 오래된 미래다.

기대를 한몸에 받으며 등장한 이준석 대표와 청년들을 보면 그 미숙함과 무경험에 한숨만 나온다. 그래도 그대들밖에 없다고 확신하고 밀어줬는데 이럴 수는 없다. 그들은 2030을 모으고 정책을 가다듬어 정권 교체에 자신들의 모든 것을 걸어야 한다. 대선배 정치인들과 유력 대선주자들과 경쟁하거나 유불리를 따져 이기려 들면 안 된다. 왜 당대표가 자꾸 언론에 나와 자기 정치를 하느냐고 질문하니까 "그럼 내 정치 하지 딴 사람 정치하냐"고 응수하는 소아병적인 태도를 보여선 안 된다. 지금은 절대 자신이 나설 때가 아니다.

천만다행인 것은, 인천대교 무료화를 추진하겠다고 선언한 여당 후보에 대해 절대로 국민에게 더 이상의 부채를 떠넘길 수 없다고 투쟁을 선언한 인천대교 소유주 국민연금 측의 합리적인 당당함이나, 후보 토론회에서 진실로 이재명과 같은 대선 후보가 나와서는 안 된다고 호소하는 이낙연 같은 여권 후보들이 있다는 점이다.

장강의 흙탕물이 도도히 흘러 황해로 나가고, 장강의 뒷물이 앞물을 치고 나가듯 새로운 시대에는 새로운 물결이 나와야 한다. 그것이 순리이고 자연의 법칙이다. 오래된 미래가 또다시 반복되어서는 절대로 안 된다. 종식되어야 마땅한 역사의 반복이다.

성난 얼굴로 돌아보라(Look back in anger)

물론 이 말은 "부조리한 현실을 참지 말고 저항하라"는 50년대 서구사회의 구호였다. 그러나 지금은 구태 가득한 진부한 멘트다. 인문학에서 성난 인문학이니 뭐니 하지만 결국 그게 그거다. 지금 한국 사회에선 노장년층의 분노가 특히 심각하다. 한국의 질풍

노도기인 60~70년대를 겪은 60세에서 80세의 장노년층은 언제나 분노하고 있다. 질풍노도기에 그들이 겪고 헤쳐온 힘이 되었던 자유와 정의의 신념이 언제부턴가 하나둘 깨지면서 그들은 분노하기 시작하였다. 그들의 분노는 돌파구 없는 용광로 같아서 도처에서 분출이 필요했다. 젊은 세대들의 감각과 철학은 그들에게 맞지 않았고, 행동방식도 급격히 변화했다. 낯설고 어려운 신종 IT기기의 사용법은 그들을 주눅들게 했다.

그들의 60년대와 70년대는 이렇지 않았다. 그들의 기준이 곧 사회적 기준이었고, 그들의 철학이 곧 사회적 합의에 이르렀었다. 그들은 똑똑했고 그들은 정당했다. 그들이 지켜오고 확신하였던 신념이 철저하게 파괴당하였다. 그들이 세상과 소통하던 방식도 어느덧 과거의 유물이 되어 존중받기는커녕 조롱의 대상이 되어 버린 지 오래다. 대체 어떤 배경과 원인이 그 뒤에 도사리고 있는 것일까?

어느 날부터인가 너무도 당연시되던 정치적·경제적·문화적 신조가 하나둘 파괴되기 시작하더니 급기야 모든 문제의 근원이라 여겨졌던 것들이 거꾸로 정의가 되고 그들이 굳게 지켜오던 신조가 역으로 문제가 되었다. 정치적으로 보수의 가장 본질적인 가치라는 자유민주주의는 친미·친일의 대명사가 되어 역공당하고, 종북 좌파들의 통일을 앞세운 정치구호가 점차 대세가 되어 해방 전후사에 대한 인식부터 북한에 대한 체제 인식, 그리고 경제적 정의에서 열심히 일해 벌어들인 소득은 악으로 평가절하되어 어느덧 가진 자는 나쁜 놈이 되어 버렸다.

이는 길게 설명할 것도 없이 1966년부터 1976년까지 중국의 암흑기로 평가되는 문화대혁명의 상황이 딱 그것이었다. 당시 주석 마오쩌둥은 자신의 정치경제적 실패를 호도하고자 젊고 무모한 홍위병들을 총동원하여 늙은 원로들과 모든 전문가 그룹을 타깃으로 학교를 폐쇄하고 전통적인 가치를 파괴하는 행위를 자행하여 중국을 암흑 속으로 몰아갔다. 중국은 이때의 파괴로 한 세대 이상 후퇴했다는 오점을 남겼다.

노장년층은 혹시 한국의 21세기 초반이 이러한 상황과 비슷해질까 두려워한다. 그들이 바쳐온 지난 수십 년간의 정의와 원칙이 일순간에 깨지는 것을 분노한다. 이것은 그들이 확신해 온 신념을 지키고자 하는 몸부림인 것이다. 그들이 피땀 흘려 이룩한 70~80년대의 성과가 한순간에 망쳐지는 것을 두려워한다. 그들이 광화문 태극기 집회에 몰려드는 가장 커다란 이유가 그것이다. 그들이 두려움 없이 강남역 1인 시위에 나서는 이유가 그런 것이다.

우리는 분명하게 기억한다. 4·19혁명, 5·18민주화운동, 6월항쟁 등 한국의 현대사를 장식해 온 의미심장한 역사는 시민들의 분노와 정의의 결집이었다. 모두가 함께했던 정의의 대장정이었다.

자유민주주의라는 보수적 가치의 발현이었다. 그러나 지금은 어떠한가? 광장의 촛불은 아직 살아 있을까? 모두 함께했던 촛불 대신 노인들만의 촛불이 덩그러니 펄럭이고 있다.

그 촛불은 새로운 분노로 점철된 노인들의 것이었다. 그들의 분노는 그들이 지켜온 보수적 가치를 지키는 외로운 투쟁이다. 천안함 희생자를 추모하고, 억울하게 감옥에 갇힌 박근혜 전 대통령에 대한 탄원, 세계에서 유일하게 중국과 북한을 옹호하는 집권 좌익세력에 대한 탄핵의 깃발이다. 북한의 맹목적이고 불쾌한 요구와 행패에 분노하는 것이다. 북한의 사과도 없는 남북회담을 반대하고, 그래서 남북화해는 공산화를 의미하고 그럴 바엔 차라리 전쟁이 낫다고 생각한다.

한국의 신세대는 과거에 세상과 벽을 이룬 새로운 젊은이들을 지칭했지만 지금은 세상과 소통하기 어렵게 된 분노하는 장노년층을 말한다 해도 과언이 아니다. 그들의 분노가 우리 당대에 해소될 수 있을까?

5. 보수와 진보 이야기

송나라의 사마광과 왕안석은 보수와 진보의 대표 아이콘으로 우리 뇌리에 강하게 남아 있다. 그들의 투쟁은 치열했고 지금까지도 인구에 회자된다. 그러나 그들은 순수했고 백성을 위한 정책을 추구했었다.

현대에 이르러 프랑스 우파와 좌파를 대표하며 20세기 내내 수십 년간 치열한 이념 논쟁을 벌였던 레이몽 아롱(1905~1983)과 장폴 사르트르(1905~1980)가 있다. 이 두 사람은 반(反)나치 레지스탕스 동지였으며 절친 사이였다. 좌파적 분위기가 지배하던 20세기 중반 공산주의를 비판하기 위해 아롱이 낸 책이 바로 《지식인의 아편》이다. 마르크스의 《공산당선언》에서 "종교를 지식인의 아편"이라 규정한 데 대해 "공산주의야말로 지식인의 아편"이라고 했다. 그는 이 책을 통해 반인권적인 공산주의에 동조하는 좌파가 '진보'의 이름을 독점하고 민중에게 거짓 선전·선동을 일삼는 현실을 지적했다.

"역사적 변증법에 의해 필연적으로 도래하는 무산계급의 시대가 억압된 자들을 해방시킨다"는 공산주의 이론은 사이비 종교와 같다. 절대성을 강조하고 오류를 인정하지 않는 사상은 민중을 고난으로 이끌 뿐이다. 아롱의 "능력에 따라 일하고, 욕망에 따라 배분받는다"는 선전은 허공의 유토피아에 불과하다. 인간의 열망으로 이뤄질 수 있는 게 아니다. 이런 허구에 몰입할수록 '모두가 잘 사는 세상'이 아니라 '모두가 가난한 세상'으로 전락할 가능성이 높다.

어떤 후보가 주장하는 바대로 '기본소득'과 '집은 공공재다', '식당총량제' 등과 같은 설익은 공산사회주의 정책으로 우리의 문제를 풀 수 있을까? 선동적인 '진보팔이'로 젊은이들을 호도하는 것은 문명의 퇴보를 재촉하는 것이다. 인간의 자발성과 창의력을 키우는 자유주의와 시장경제가 인류 진보의 유일한 해결책이다.

시대는 이렇게 흘러가는데 무슨 이유에선지 대한민국 사회는 아직도 1960년대 프랑스의 이념 대결의 시대에 머물러 있다. 아직도 한국의 상당수 지식인들은 아롱이 말한 사회주의라는 '아편'에서 자유롭지 못하다는 이 불편한 진실을 어떻게 봐야 할까?

그런데 우리의 진보는 주사파 운동세력, 다시 말해 종북주사파가 지배하는 퇴행적 집단이라는 데 문제가 있다. 지금 우리나라의 좌파는 미테랑, 브란트 같은 선진형 사회당과는 그 색깔도, 지향하는 바도 다르다는 점이다. 그저 '종북주사파'일 뿐인 것이다.

실로 고대의 공룡들이 아직도 기어다닌다는 현대 좌파에 대한 공격이 타당하다. 속과 겉이 다른 한국의 좌파들이 갈수록 본색을 드러내고 있는 지금, 진정한 보수의 본질을 찾아야 한다. 레이몽 아롱이 "정직하고 머리 좋은 사람은 절대로 좌파가 될 수 없다. 정직한 좌파는 머리가 나쁘고, 머리가 좋은 좌파는 정직하지 않다"는 말은 틀린 것이 아니다 이제부터 제20대 대선을 본격적으로 추적하고 파헤쳐 보고자 한다. 언론을 치밀하게 분석하고, 학자들의 담론을 연구하고, 작가의 상상력을 총동원하여 우리 국민의 진솔한 내일의 삶을 책임지는 대한민국의 대통령선거를 말하고자 한다. 그리하여 끝까지 독자 여러분들과 함께하고자 한다.

정치는 팩트가 아니라 상징의 게임이기 때문에, 대중은 팩트보다 상징을 다루는 자세와 이를 통한 어필을 중시한다. 후보의 진솔함이 쇼맨십보다 훨씬 더 중요하며, 그렇기 때문에 후보는 영특한 우등생보다 차라리 어벙이가 되어야 한다. 드라마의 주인공은 인형처럼 예쁘고 조각 같은 미남미녀가 아니라 평범해 보이는 진실성이 묻어나는 60퍼센트 정도의 사람이 된다.

어렵고 힘든 상황에 대하여 단순하고 정직하게 대처해서 풀어나가는 자세가 중요한데, 사람들은 이를 리더십이라 말한다. 그런 점에서 후보의 공정과 상식이 어필한다. 지난 5년 동안 내로남불과 비상식이 지배하는 말도 안 되는 상황을 지켜봤던 우리 국민들이었다. 오죽 공정치 못하고 상식이 깨지는 정치만 봐왔으면 야당의 정치 슬로건이 공정과 상식일까?

그러나 우리 국민들은 이번 선거에서도 마지막까지 어떤 일이 벌어질지 모르는 불안한 상황을 예견하고 있다. 나 역시 그러하다. 이제부터 어떤 일이 벌어질지 여러분과 함께 초조한 마음으로 끝까지 추적하고 연구해 보기로 하겠다.

제3부
"역겨운 위선정권 반드시 교체해야 합니다"

1. 100가지 중 99가지가 달라도 힘을 합쳐야

정치 초년생으로서 갖은 우여곡절 끝에 제1야당 대선 후보로 선출된 윤석열은 선거 90여 일을 남겨둔 2021년 12월 6일 선대위 출범식에서 긴장되고 비장한 어조로 그 출발의 일성을 날렸다.

"지겹도록 역겨운 위선 정권 반드시 교체해야 합니다!"

국민 대다수는 물론 이 말에 동의할 것이다. 지난 5년간 국정 전반에 걸쳐 저들이 행한 국가정책들이 그 어느 것 하나 온전한 것이 없었다. 일일이 지적하기에도 지친다. 그가 말한 이 선언에 모든 말이 다 담겨 있었다.

윤 후보는 이날 오후 서울 송파구 올림픽경기장 케이스포(KSPO)에서 열린 선대위 출범식에서 "이제는 100가지 중 99가지가 달라도 정권 교체의 뜻 하나만 같다면 모두 힘을 합쳐야 한다"며 이같이 밝혔다. 그러면서 "만약 내년 대선에서 승리하지 못한다면 계속 있을 두 번의 선거도 뼈아픈 패배를 당할 가능성이 크다"면서 "우리는 이번 선거에서 반드시 이겨 향후 지방선거와 총선에서 승리할 기반을 마련해야 한다"고 강조했다. 그는 이번 대선에서 보수세력 전반이 모두 함께 참여하는 보수대통합의 선거체제를 만들고자 하였다.

그러면서 공정과 상식이라는 너무도 평범한 화두를 꺼내들었다. "제가 꿈꾸는 대한민국은 기본이 탄탄한 나라"라며 "공정이 상식이 되는 나라를 만들겠다"고 밝혔다. 이어 "가장 낮은 곳부터 시작하는 윤석열표 공정으로 나라의 기본을 탄탄하게 하겠다. 무주택 가구, 비정규직, 빈곤층이 더욱 든든하게 보호받도록 사회안전망을 두툼하고 촘촘하게 마련하겠다"고 말했다. 이어서 "대한민국의 혁신을 위해서는 그 소명을 받드는 우리 당부터 혁신해야 한다"며 "대한민국을 확 바꾸겠다. 저와 함께 우리 당과 대한민국을 확 바꾸자"고 선언하였다.

나아가 그는 "저의 경선 승리를 이 정권은 매우 두려워하고 뼈아파할 것입니다. '조국의 위선', '추미애의 오만'을 무너뜨린 공정의 상징이기 때문입니다. 이 정권은 집요할 정도로 저를 주저앉히고자 했습니다. 저 하나만 무너뜨리면 정권이 자동 연장된다고 생각하고 2년 전부터 탈탈 털었습니다. 앞으로 계속될 것입니다. 그들은 미련을 버리지 않을 것입니다."

또한 그는 "어떤 정치공작도 저 윤석열을 무너뜨릴 수 없습니다. 어떤 정치공작도 국민의 정권 교체에 대한 열망을 무너뜨릴 수 없습니다. 윤석열은 이제 한 개인이 아니라 공정과 정의의 회복을 바라는 국민의 염원이 됐기 때문입니다. 국민께서 저를 지켜주실 것이기 때문입니다."

윤석열 후보는 이준석 대표와의 극적 화해를 거쳐 닻을 올린 '윤석열 선대위' 출범식의 정치상황을 의식한 듯 "역겨운 위선정권을 교체하는 데 100가지 중 99가지가 달라도 힘을 합쳐야 한다"며 단합을 강조했다.

최근 인기를 끈 예능프로 '스트리트 우먼 파이트'의 음악 '헤이마마(Hey Mama)'와 드라마 '오징어게임'의 OST 등이 흘러나오는 가운데 청년 댄서팀이 등장하고 청년 당원이 다수 자리를 차지했다. 열기는 뜨거웠다. 이날의 테마는 단연 '청년과 변화'였다. 윤 후보는 장막을 걷으며 무대 뒤에서 등장했으며, "지겹도록 역겨운 위선정권을 반드시 교체해야 한다"며 "저와 함께 우리 당과 대한민국을 확 바꿉시다"라고 선언했다.

2. 자유민주주의와 법치, 공정의 가치에서 민생 문제로

이날 후보 선출 한 달 만에 공식 조직을 갖추고 본격적인 대선 경쟁을 시작한 윤 후보는 첫 번째 화두로 '민생과 경제'를 강조했다. 그는 "민주당 정부는 코로나 중환자 병실을 늘리는 데 써야 할 돈을 오로지 표를 더 얻기 위해 전 국민에게 무분별하게 돈을 뿌렸다"며 포퓰리즘 정책을 지적하며, "집 없는 국민은 급등한 전세 보증금과 월세 때문에 고통받고, 집 있는 국민은 과중한 세금 때문에 고통받고 있다"고 했다. 6개월 전 대통령 출마 선언에서 최우선적으로 "무너진 자유민주주의와 법치, 공정의 가치를 다시 세우겠다"고 했고, 한 달 전 최종 대선 후보 수락 연설문에서 "법치의 유린을 막겠다"고 한 것과는 강조하는 포인트가 민생 문제로 바뀌었다. 이는 물론 국민들의 피부에 직접 와 닿는 민생 문제를 최우선 가치로 두겠다는 선언인 것이다.

윤 후보는 이어 "세상이 빠르게 변하고 있고, 디지털 전환·녹색 전환·바이오 전환은 더 빠른 속도로 세상을 바꾸고 있다"며 "기술의 변화가 커다란 기회의 창을 열고 있다"고 했다. 그러면서 "이 기회의 창을 활짝 열기 위해 필요한 것은 자유와 공정이다. 따라서 정부는 공정한 경쟁 여건을 조성하고, 민간은 창의와 상상을 마음껏 발휘하는 경제를 만들어서 우리 경제의 잠재성장률을 높이고 양질의 일자리를 많이 창출하겠다"고 말했다.

나아가 정권 교체를 위한 '원팀'도 강조했다. 윤 후보는 "지난 6월 정치 참여 선언에서 10가지 중 9가지 생각이 달라도, 정권 교체라는 한 가지 생각만 같으면 모두 힘을 합쳐야 한다고 말씀드린 바 있다"면서 "이제부터는 100가지 중 99가지가 달라도 정권 교체의 뜻 하나만 같다면 모두 힘을 합쳐야 한다"고 했다.

윤 후보는 연설 이후 기자들과 만나서도 최우선 공약으로 '코로나로 인한 빈곤 극복'과 '지속 가능한 일자리 창출' 등 경제 문제를 꼽았다. 그리고 "그동안 준비해 놓았던 것을 신속하게 국민들께 보여 드리겠다"고 했다.

김종인 위원장도 문재인 정부의 경제 실정을 신랄하게 비판했다. "우리는 지금 무능하고 부패한 문재인 정부를 심판하고 벼랑 끝에 선 민생 경제를 되살리며 공정과 상식을 되살릴 새로운 정부를 세울 대장정의 출발점에 섰다"면서 "문재인 정부는 국가를 자신들의 어설픈 이념을 실험하는 연구실로 여겼다"며 "성장 결과로 분배가 이뤄지는 게 아니라 소득을 올려 성장을 도모한다는 앞뒤 바뀐 정책으로 수많은 청년 취약계층이 일자리를 잃고 자영업자는 고통받았다"고 했다. 그리고 "대한민국의 미래를 더 이상 이들에게 맡길 수 없다"며 "국민의 일상을 제자리로 돌려놓을 시간"이라고 강조했다.

김병준 상임선대위원장은 이재명 민주당 대선 후보를 직격했다. 그는 "이 후보는 권력의 칼로 시장과 기업, 개인의 자유를 억압할 것"이라며 "분배와 복지라는 이름 아래 그 지속 가능성을 파괴해 나갈 것"이라고 했다. 그러면서 "다른 나라 역사를 보면 국가주의와 대중영합주의가 결합할 때 좌파든 우파든 파멸을 맞았다"고 목소리를 높였다.

이날 선대위 출범식에서는 대학생들을 무대에 배치하고 고등학교 3학년 김민규 군을 연사로 세우는 등 청년 세대를 전면에 내세웠다. 윤 후보는 "당의 혁신으로 중도와 합리적 진보로 지지 기반을 확장하여 이들을 대통령선거 승리의 핵심 주역으로 만들어야 한다"고 했다. 김민규 군은 이날 선대위 출범식에서 2030세대 대표로 연설에 나섰다. 그는 "대선이라는 이번 항해 여정에서 우리 콘셉트는 불협화음이어야 한다. 국민의힘의 발자취는 항상 불협화음이었다. 여의도의 문법으로는 이해할 수 없는 30대 당대표를 세웠고, 남들처럼 조직이나 사람에 충성하는 것이 아니라 공정과 법치에 충성하는 후보가 있다"며 선출된 윤석열 후보 지지를 분명히 하였다.

그는 더 나아가 기존 정치권에 대한 공격도 서슴지 않았다. "야당, 국민, 이전 정부 탓하는 걸 지난 5년간 수도 없이 보았다"면서 "지난 5년은 의심할 여지없이 민주당 정부의 시간이었다. 한 번도 경험해 보지 못한 분열과 공멸에 국민들은 아파하셨다." 그러면서 국민의힘 후보 윤석열을 향하여 "권력보다는 국민을 향한 사랑을, 대통령직이라는 트로피보다는 공정과 상식이라는 철학을 먼저 실천하는 대통령이 제가 처음으로 투표하는 대통령이 되었으면 좋겠다"고 말했다.

3. 팩트보다 이미지-케네디의 단호한 결단력

정치는 어떤 문제에 대한 팩트보다도 이미지가 중요하다. 정치는 팩트 게임이 아니라 이를 다루고 바라보는 인식 게임이다. 대중은 이슈보다는 리더가 이슈를 어떻게 다루고 요리하느냐, 즉 이슈를 다루는 자세와 행태를 더 중요하게 본다. 그래서 윤석열 후보가 이 문제를 어떻게 요리하는가에 관심이 집중될 수밖에 없다.

대선 때는 모든 문제가 후보의 리더십 문제로 직결된다. 어려운 위기도 어떻게 다루느냐에 따라 지도자의 이미지를 구축하는 좋은 기회가 될 수 있다. 그야말로 위기가 곧 기회가 되는 것이다.

60년대 쿠바 위기 때 보여 준 케네디의 단호한 태도는 국민들을 환호하게 만들었다. 자칫 미국민을 실망과 공포로 몰아넣을 수 있었던 사태를 케네디의 태도와 의사결정 하나로 급반전을 일으켰던 것이다. 그가 살아 있었다면 케네디는 재선은 물론 미 역사상 신화적인 인물로 각인되었을 것이다.

그런 점에서 윤석열을 둘러싼 모든 문제는 그의 기회가 될 수 있다. 고발사주 의혹, 대장동 초기 부산은행수사 문제, 부인 김건희 씨 문제, 이준석 이슈 등은 윤석열의 절호의 기회다. 그는 우물쭈물 고민하지 말고 단호하게 입장을 정리해야 한다. 간단히 말해 노무현 전 대통령이 보여 주었듯이 부인 문제에 대해 "그럼 나보고 이혼하란 말이냐?"라고 멋지게 답할 수 있어야 한다.

5년 단임의 한국 대선은 사실상 많은 문제점이 있다. 여야 후보 모두 현직 대통령을 비롯해 전임 대통령들과의 차별화가 절실하다. 그런 점에서 여든 야든 현 정부와 대통령과의 차별화는 필연적이다. 지난 선거에서 문재인 후보는 너무 쉬웠다. 탄핵당한 전임자와 반대로 하면 되었다. 이미 기울어진 운동장에서 박근혜 대통령의 고집 센 불통 이미지와 다른 부드러운 소통 이미지를 만들어 쉽게 대통령이 되었다. 다음 대통령 또한 마찬가지다. 문재인 대통령의 리더십과 정반대의 리더십을 보여 주어야 한다. 그런 점에서 야당이 표방한 '공정과 상식' 슬로건은 일단 성공적으로 보인다. 현 정부가 보여 준 것은 수많은 실정 중에서도 특히 국론 분열과 국민 양분 갈라치기가 될 것이다.

4. 대선의 미학 – 백마 타고 오는 초인

　문재인 대통령은 국민통합 외면과 리더십 부재라는 치명적인 실정을 보여 줬다. 그는 우리 국민이 북한군에 의해 몇 차례 죽임을 당했어도 우물쭈물 그냥 넘겼고, 온 나라가 둘로 갈라져 나라가 쪼개질 정도의 위기에서도 아무런 고뇌나 아픔도 없이 그냥 방치했다. 아니, 길고 긴 국민적 혼란 끝에 오히려 조국에게 미안하다고 천연덕스럽게 말하고 있었다. 그러면서 조국사태 당시 국민들이 서초동과 광화문광장에서 격렬하게 충돌할 때도 국론 분열이라고 생각지 않는다고 하여 고통스러워하는 국민들을 절망시켰다. 나라가 나라일 수 있는 것은 나라가 국민의 안전을 절대적 가치로 두고 국민의 안전과 생명을 지켜줄 때 비로소 그 존재 이유가 있는 것이다. 그렇지 않다면 그것은 나라가 아니다.

　문재인 대통령은 법무부장관과 검찰총장의 해괴한 싸움을 일 년 이상 방치했다. 국민들은 극도의 피로감을 견뎌야 했고, 검찰 개혁의 이름으로 자행되는 비상식적인 행태들을 지켜봐야 했다. 당시 대통령은 없었다. 해방 이후 이 나라의 법을 집행해 온 수많은 공(功)과 과(過)가 있는 검찰에 대하여 일방적인 잣대를 들이대어 검찰 공백을 만들었다. 검찰은 일시에 와해되었고, 법의 지배는 일거에 무너져 내렸다. 비상식과 부조리가 온 나라를 뒤덮었다.

급기야 문 대통령이 임명한 윤석열 검찰총장이 야당 대선 후보가 될 수밖에 없는 상황이 전개되었다. 이야말로 대통령제 하의 리더십 부재를 말하는 대표적인 사례가 될 것이었다.

링컨, 케네디 그리고 박정희 대통령

대선의 미학은 참신한 미래를 가져다주는 백마 타고 오는 초인의 등장을 바라는 대중의 절실한 바람을 충족시켜 주어야 하는 데 있다. 그것만이 의원내각제의 밋밋하기만 한 정치체제보다 대통령제가 우위에 있게 되는 것이다. 다이나믹한 국정 운영이야말로 대통령제의 미학이며 결정체다. 일본은 기회 있을 때마다 한국과 미국의 대통령제를 부러워하고 그 역동성에 대해 칭송해 왔다. 물론 그것은 미국의 링컨이나 케네디, 혹은 한국의 박정희같이 대통령이 멋진 리더십을 보일 때만 가능한 것이다.

그렇기 때문에 대선에서 특히 야당 후보는 미래의 백마 타고 오는 초인의 모습을 보여 주어야 한다. 사리사욕과는 무관하며, 국민을 위해 대신 죽어 줄 수 있는 애국지사의 모습, 국난에 대처할 때의 단호한 결단력, 국민들과 함께 잘 살 수 있는 슬기로운 경제 대통령, 이 모든 것을 다 잘할 수 있는 대통령을 원하는 것이다.

야당 후보는 이제 결심해야 한다. 모든 리더십의 근원은 '국가원수'로서 대통령 자리의 무거움을 인식하는 일이다. 대통령은 초인

이 되어야 한다. 대한민국의 미래를 국민과 함께 꿈꾸고, 국민의
안전을 무엇보다 우선하고, 일개 정파의 이익을 도모하지 않고, 무
조건 국민과 함께해야 한다.

윤석열을 말한다

1. 공정의 상징

윤석열은 문재인 정권 사람이었다. 그는 박근혜 정권에선 정권
의 눈밖에 난 좌천된 일개 검사였으나, 문재인 정권에서 서울중앙
지검장을 거쳐 검찰총장까지 승승장구 출셋길에 올랐다. 그리고
그는 지금 제1야당 대선 후보로서 정권 교체의 선봉장으로 나섰
다. 이런 역사의 아이러니가 있을까?

문재인 대통령은 2019년 7월 25일 제43대 검찰총장 임명장 수
여식에서 "우리 윤 총장은 권력형 비리에 대해 권력에 휘둘리지
않고 권력의 눈치도 보지 않고, 사람에 충성하지 않는 자세로 아
주 공정하게 처리해 국민의 희망을 받았는데 그런 자세를 끝까지
지켜 달라"고 당부했다. 그러면서 "그런 자세가 살아 있는 권력에
대해서도 똑같은 자세가 돼야 한다. 청와대든 정부든, 또는 집권

여당이든 권력형 비리가 있다면 정말 엄정한 자세로 임해 주길 바란다"며 "그래야만 검찰의 정치적 중립을 국민이 체감하게 되고 권력형 부패도 막을 수 있는 길"이라고 덧붙였다. 그러나 그들과의 밀월 관계는 그야말로 '여기까지'였다. 이후부터는 지옥길이었다.

윤석열은 임면권자인 대통령이 '우리 윤 총장'이라 부를 만큼 문재인 정권을 상징하는 대표적 인사 중 하나였는데, 조국 전 법무부장관 수사를 기점으로 '우리 윤 총장'에서 정권의 적나라한 개혁 대상이며 급기야 적폐로까지 전락했다. 문 대통령의 당부대로 청와대든 정부든 집권 여당이든 살아 있는 권력의 비리를 엄정히 수사했더니, 집권당과 조 전 장관 지지세력은 '윤석열 검찰'을 개혁해야 할 대상으로 낙인찍은 것이다.

정권 입장에선 자신들이 임명한 '우리 윤 총장'이 조국 수사를 적당히 하고 그동안의 검찰 관습대로 권력의 충견 역할이나 충실히 해 주길 바랐건만, "권력형 비리에 대해 권력에 휘둘리지 않고 권력의 눈치도 보지 말고 공정하게 처리하라"는 대통령의 당부를 절대 거스를 수 없다는 듯, 검찰총장 윤석열은 조국 수사에 이어 청와대 울산시장 선거 개입 의혹 수사에도 물불 가리지 않고 박차를 가하기 시작했다.

당연히 윤석열 검찰이 조국 수사에 이어 청와대 울산시장 선거 개입 수사에 박차를 가하던 2019년 8월에서 12월까지 집권세력은 윤석열 검찰 때문에 당혹감과 황당함에 정신을 차리지 못했을 것이다. 그때부터 국민들은 조국 수사를 제대로 공정하게 처리하는 윤석열 검찰을 추앙하는 세력과 조국 수호에 앞장서는 친정부 세력으로 양분되면서 국론은 양 갈래로 분열되기 시작하였다. 대통령은 끝까지 모른 척하고 있었다.

광화문의 조국 규탄 세력과 서초동의 조국 수호 세력이 연일 운집하여 각자의 목소리를 높였다. 광화문 집회에서 처음으로 윤석열을 대통령으로 만들자는 구호가 나왔다. 이와 함께 윤석열은 급기야 공정의 상징으로 각인되기 시작하였다. 어제까지의 충견 검찰이 조국사태에서 보여 준 단호한 법집행으로 조국을 낙마시키더니, 급기야 청와대까지 공격하려 드니 청와대는 바로 윤석열 총장의 천적인 추미애를 법무부장관에 임명하였다. 사태는 명확해졌다. 추미애로 하여금 윤석열을 과감하게 쳐내기로 결정한 것이다.

이것이 역사의 아이러니인가. 그 시점이 바로 정권 교체의 신호탄이 될 줄은 아무도 몰랐다. 필자도 윤석열이 야권 대선 후보가 되리라고는 상상도 못했다. 여권에서 가장 강경한 추미애가 야권의 가장 강한 대선 후보를 만들어 줄 줄 몰랐다. 추미애가 검찰 인사권을 쥔 법무부장관에 오르자 모두가 설마했던 일을 예상대로 감행했다. 임명 6일 만인 2020년 1월 8일 '윤석열 사단'을 해체하는 인사학살을 단행하더니 8월에 미진했던 인사학살을 자행해 '학살자 추미애'라는 별명이 뒤따랐다.

2. 역사의 바람은 예기치 않은 곳에서부터 불기 시작했다

그토록 증오하던 검찰총장의 수족을 다 쳐냈으니 이제 손발이 모두 잘린 검찰총장을 정조준할 차례였다. 미증유의 '사건'이 연이어 발생했다. 법무부장관이 검찰에 대한 수사를 지휘·중단할 수 있는 '수사지휘권'이 발동된 사례는 헌정사상 한 차례밖에 없었다. 2005년 천정배 당시 법무부장관이 처음이자 마지막으로 단행한 적이 있다.

그러나 추 장관은 일 년여의 임기 중 수사지휘권을 두 번이나 발동했다. 이것은 검언유착 의혹, 라임 관련 검사·정치인 비위 의혹, 코바나컨텐츠 전시회 협찬금 수수 의혹, 도이치모터스 주가조작 의혹, 검찰총장 장모 요양병원 부정수급 의혹, 전 용산세무서장 사건 무마 의혹 등 모두 6건에 달했다.

그러고도 성에 차지 않았던지 추미애 법무부는 곧장 검찰총장 징계에 나섰다. 2020년 11월 24일 추 장관은 윤석열 총장에 대한 직무배제 및 징계청구를 발표했고, 윤 총장은 다음 날인 25일 서울행정법원에 직무배제 효력 집행정지 신청을 낸 데 이어, 26일에는 직무집행정지 처분 취소청구소송을 제기했다. 서울행정법원이 12월 1일 윤 총장이 제기한 직무배제 효력 집행정지 일부를 인용하면서 윤 총장은 업무에 복귀했는데, 직무배제와는 별도로 법무부에선 윤 총장에 대한 징계절차가 진행되고 있었다.

이에 윤 총장은 12월 4일 '장관 주도의 징계위원회 구성'에 대한 검사징계법 조항 헌법소원 및 효력정지 가처분 신청을 제기했으나, 16일 법무부 검사징계위는 윤 총장에게 정직 2개월을 의결했다. 하지만 서울행정법원이 22일 윤 총장이 제기한 효력정지 가처분 신청을 받아들이면서 추미애 법무부의 징계 시도는 무위에 그쳤다.

그러나 역사의 바람은 전혀 예기치 않은 곳에서부터 불기 시작했다. 추미애 장관이 윤석열 총장을 집요하게 공격하는 와중에, 전혀 엉뚱하게도 역사의 바람은 서초동이 아닌 여의도에서 서서히 불어오기 시작했다. 어느 날부터 대선 후보 여론조사에 윤석열이 등장하는 등 '윤석열 대망론'이 여의도 안팎에서 오르내렸다. 특히 2020년 10월 22일 국회에서 열린 대검찰청 국정감사는 새 시대 새 인물의 등장을 예고하는 센세이셔널한 무대가 마련되고 있었다.

이날 윤석열 총장은 집권당 법제사법위원회 위원들을 상대로 적진에서 유비의 아들 아두를 품에 안고 종횡무진 창을 휘둘러 대는 조자룡의 모습을 연출하였다. 국정감사라는 것이 피감기관의 수장이 국감에 출석하여 여야 국회의원들의 스트레스 해소성 호통에 쩔쩔매며 하나마나한 원론적인 답변으로 일관하는 것이 상례인데, 윤석열은 전혀 달랐다. 집권당 법사위 위원들이 차례로 무지

막지한 공세를 퍼부어도 그는 한치의 물러섬이 없었고, 호통에는 호통으로 맞받아쳤다. 윤석열은 아마도 서서히 자신에게 몰려드는 역사의 파고를 온몸으로 감지하였을 것이다.

그의 말은 언론의 스포트라이트를 받았고, 특히 어떤 멘트는 이미 레전드가 되어 버렸다. "나는 사람에 충성하지 권력에 충성하지 않는다", "검찰총장은 법무부장관의 부하가 아니다"라며 일련의 레전드급 멘트를 이어갔다. 그는 추미애 장관이 거론한 부하설을 일축했고, 과거 윤 총장을 '정의로운 검사'라 치켜세웠던 집권당 박범계 의원(현 법무부장관)이 공격적인 입장을 취하자 "과거에는 저에게 안 그러지 않았느냐"고 응수했다. 유튜브에선 '윤석열 국정감사 하이라이트' 영상이 대중적인 인기를 끌었고, 대검찰청 앞엔 윤석열을 응원하는 화환이 끝없이 줄을 이었다.

그때부터 서초동엔 윤석열 지지자들과 조국 지지자들의 전쟁이 시작되었다. 이것이 이념 투쟁인지 단순한 사람에 대한 인기 경쟁인지 가늠하기 힘들 정도였다. 이것은 그야말로 한국적인 정의의 대결장이 되어 버렸다. 정의는 옳고 그름의 대결이 아니라 몰려드는 꽃다발 숫자의 대결장이 되어 버렸다. 몰려드는 지지 대열의 숫자로 판가름나는 듯이 보였다. 의견이 다른 자는 다른 쪽 대열 근처에는 얼씬도 할 수 없었다. 그것은 이미 정치판으로 변질되어 버린 지 오래였다.

한 번도 경험해 보지 못한 나라

다시 말하지만 이때도 대통령은 시종일관 단 한마디 언급도 없었다. 오로지 침묵으로 일관했다. 그의 언어는 일관되게 국민들이 꼭 필요한 시점에는 절대로 나오지 않는다. 그러다가 가령 새해 인사말 중에 "조국에게 미안하다" 하여 세상을 깜짝 놀라게 했다. 실로 갈라치기와 내로남불의 화신다운 모습을 끝까지 연출하는 우리의 대통령이었다.

과연 이것이 대통령 취임식에서 국민에게 약속한 한 번도 경험해 보지 못한 나라, 기회는 균등하고 과정은 공정한 것인가? 더 나아가 분열과 갈등의 정치도 바꾸고, 보수와 진보의 갈등은 끝나야 한다는 약속이 지켜지고 있는 것인가? 국민통합과 공존의 새로운 세상이 열리고, 권력기관은 정치로부터 완전히 독립시키겠다는 약속이 이루어지고 있는 것인가?

이런 상황을 너무도 절실하게 경험한 윤석열 후보는 문재인 정권이 한 발짝도 나아가지 못하게 한 대한민국의 미래 동력을 완전히 바꿔 놓겠다면서 문 정부에 대한 강도 높은 비판을 쏟아냈다. 특히 최근 정치권 최대 화두로 떠오른 고위공직자범죄수사처(공수처) 통신 조회 사태를 놓고 정권 교체의 필요성을 거듭 강조했다.

"얼마 전 문재인 대통령 취임사를 천천히 읽어 봤다. 그런데 그 어떤 약속도 지켜지지 않았다"며 "많은 국민을 속였다. 국민을 똑같이 섬기겠다고 하면서 국민을 갈갈이 찢어 놨다. 탈원전이 아무 문제가 없다더니 이제 선거가 끝나자마자 전기요금, 가스요금을 줄줄이 올린다고 한다. 또 이 정권은 경제는 물론 국가 안보, 외교를 전부 망쳐 놨다. 게다가 나라의 정체성을 다 뺏어 버리고 자유민주주의라고 헌법에 적힌 국가 정체성도 내던졌다. 국격이 무너져도 이렇게까지 무너지는지 눈을 뜨고 볼 수가 없다. 우리 국민 시야에 아른거리는 이런 스트레스 받는 꼴을 이제 국민 정신건강이 편안할 수 있도록 해 드려야 한다."

더 나아가 "확정적 중범죄에 휩싸인 사람을 대통령 후보로 내세워 놓고 무능과 부패를 은폐하기 위해 많은 언론인을 통신 사찰했다. 우리 당 의원 60~70%가량도 사찰했다"며 "나도 내 처와 친구들, 내 누이동생까지 사찰당했다. 미친 사람들 아닌가"라고 목소리를 높였다. 그는 다부동전투 전적비 참배 현장에서도 '자유민주주의 수호'를 내걸며 정권 교체를 강조했다. 윤 후보는 "정치 초년생이지만 이 나라의 무너지는 자유민주주의를 지켜야겠다는 마음으로 정권 교체에 나섰다"며 "이 세력에 맞서 반드시 정권 교체를 이루고 다부동에서와 같이 이 나라의 자유민주주의를 확실하게 지켜내겠다"고 말했다.

3. 윤석열을 지지하는 이유

사법계의 이단아로 불리는 판사 재임용 탈락 1호 신평 변호사. 판사들에게는 법관재임용제도가 있어서 10년마다 자격과 자질을 평가한다. 현행 헌법 최초로 1993년 재임용에 탈락한 신평 판사는 판사와 변호사 간의 더러운 금품거래를 목격하고 사법부의 정화를 위해 이를 폭로했다가 재임용 탈락 1호 판사라는 오명을 뒤집어쓰게 되었다. 사법부의 위상을 실추시켰다는 죄목으로. 물론 2012년 '가카 빅엿'이라며 이명박 전 대통령에게 대들었다가 재임용 탈락한 서기호 판사가 있지만 사정이 다소 다르다.

지난 대선에서 문재인 캠프 공익제보지원위원장을 지냈지만 윤석열 후보 지지를 선언해 화제가 된 신평 변호사의 윤석열 지지 이유를 살펴보면, 다른 어떤 사람보다 비교적 공정하게 윤 후보를 알 수 있을 것으로 보인다. 신평 변호사는 제20대 대선에선 윤석열 국민의힘 후보 지지를 선언하면서 "대인의 풍모, 호랑이, 통합"이라는 세 개의 키워드를 언급했다.

첫째, '대인의 풍모'를 꼽은 것은 "윤 후보가 국민의힘 대선 경선 과정 중 토론에서 '상황지배력'이 뛰어났다"면서 "윤 후보가 16번의 토론회 중 딱 한 번을 제외하고 공격을 받아도 바로 동일한 공격을 하지 않고 항상 너그러운 자세로 받아넘기면서 대인의 풍모를 보였다"고 평했다.

둘째, '호랑이'라고 말한 이유에 대해 "깊은 고독 속에서 내면에 침잠해 스스로 힘을 얻고 스스로 홀로 서는 인간을 '호랑이형 인간'이라고 할 수 있다"며 "윤 후보가 검찰총장으로서 국정감사를 했을 때 '검찰총장은 법무부장관의 부하가 아니다'라는 말을 당당하게 하는 모습을 보고 호랑이형 인간이라고 평가했다"고 말했다.

셋째, '통합'을 꼽은 건 문재인 정부의 '갈라치기' 때문이라고 했다. 신 변호사는 "국민들이 완전히 반쪽으로 나눠져 버렸다"면서 "우리 헌정사에서 일찍이 없었던 너무나 심한 분열 현상"이라고 꼬집었다. 그러면서 "통합할 수 있는 사람이 우리나라 정치인 중 과연 누가 있겠느냐, 윤 후보밖에 없는 것이 아니냐, 윤 후보가 통합의 리더십을 잘 발휘해 주길 기대하는 것"이라고 설명했다.

신 변호사는 과거 여권 인사로 분류될 당시 한 언론사의 칼럼에 검찰총장 윤석열에 대해 "윤 총장은 세 가지 관념의 포로"라면서 "첫째 신화의 포로, 둘째 연고주의 포로, 셋째 야심의 포로"라고 비판한 적이 있다. 신화라는 것은 정통 법조인들이 갖기 쉬운 극단적인 엘리트주의, 야심은 검찰총장으로 있으면서 호시탐탐 좀 더 상위 자리를 내다보는 사람이라는 것이고, 연고주의라는 것은 검찰주의자로서 같은 검찰들만 중용할 가능성을 지적하는 것이라 했다. 그러나 지금은 윤석열 후보가 어떤 면에서 DJ나 YS보다

소통능력과 공감능력이 뛰어나다고 본다며, 그런 점이 앞으로 많이 발휘되면 청년들의 지지를 획득할 수 있으리라고 본다 했다. 신변호사의 명확한 윤석열 지지 이유를 음미하면서 윤석열이 가지는 본질이 확연하게 드러나 국민들에게 좀 더 어필되기를 바란다.

윤석열 리더십의 시련과 극복

1. 계속되는 당 내외의 도전과 리더십 문제

지난 해 연말은 단연 국민의힘 당대표 이준석의 잠행과 계속되는 내부 총질이 화제가 되었다. 이에 따른 윤석열 후보의 대응과 리더십 문제는 여야는 물론 국민들의 최대 관심사가 되었다. 대체 무엇이 문제인가? 정말 윤석열의 리더십이 문제인가?

"변화에 대한 이 거친 생각들, 그걸 바라보는 전통적 당원들의 불안한 눈빛, 그걸 지켜보는 국민들⋯." 이준석 국민의힘 대표가 지난해 6월 11일 당선 수락 연설에서 한 말이다. 정말 그러한가? 그는 이러한 사실을 미리 예견하고 말한 것일까?

작년 연말 윤석열은 국민의힘에 입당하기보다 제3지대에서 출마하는 것도 염두에 두었던 것 같다. 그래서 "차마 민주당에 들어갈 수 없어 부득이 국민의힘을 선택했다"고 하였다. 이는 분명히 당내에 그가 입당하기를 꺼리는 저해세력이 존재한다는 암시라고 할 수 있다. 국민의힘 사람들은 이에 대해 흥분하기보다 그 이유를 살펴보아야 할 것이다. 그건 아마도 이준석 당대표의 존재가 아닐까? 윤 후보는 국민의힘이라는 고정 색깔보다는 제3지대라는 다양한 색깔을 배경에 두고 나가는 것이 더 유리하다고 보았을 수도 있을 것이다.

당 내외에서는 이준석의 사보타지를 미묘하게 해석한다. 어느 당이건 대표는 무조건 후보를 적극적으로 돕는 게 관례인데, 대표가 당내 문제를 마구 흐트려 놓고 밖에 나가서 중계방송 하듯 공개하고 평론가처럼 내부 공격을 하는 건 전형적 대중정치인의 속성이라는 것이다. 더욱이 그는 MZ세대를 자처하면서 그것을 배경으로 차기를 준비하는 셀프 대변인 노릇을 하고 있다는 비판이 많다. 두 사람의 신경전은 윤 후보가 지난해 11월 5일 국민의힘 후보로 확정된 뒤 선대위 구성을 둘러싸고 폭발하였다.

국민의힘 내부에서는 "(윤 후보의 부인) 김건희 씨 대응 방안과 윤 후보의 일정, 메시지 전략 등에 대한 보고서를 올리면 번번이 차단되는 등 소통이 전혀 이뤄지지 않고 있다"면서 "선대위 조직이 마치 이회창 후보가 그를 둘러싼 측근 '병풍 조직' 때문에 대선을 망쳤던 때와 비슷하다"고 지적했다.

그는 "김건희 씨 의혹에 대해 진위 여부를 조속히 가려내 소명할 것은 하고 사과할 것은 해야 하는데 우왕좌왕하다 매번 타이밍을 놓친 것도 윤 후보 측근들에 의한 경직된 조직 때문"이라고 비판했다. 이에 더해 국민의힘 한 중진 의원은 "상명하복의 일사불란한 검찰 조직과 속된 말로 모두 자기 잘난 맛에 사는 사람들이 득실거리는 정치판에서 요구하는 리더십은 전혀 다른데 윤 후보가 아직 이런 정치판에 적응이 안 된 것 같다"고 했다.

또 다른 시각은 문제의 근원이 이 대표에게 있다는 비판이 더욱 크다. 대선 후보가 선출되면 당은 철저하게 후보를 중심으로 움직이는 게 정상이다. 윤 후보에게 아무리 불만이 있더라도 이 대표처럼 불만을 공개적으로 표출한 사례는 없다. 16대 대선 때 이회창 후보-서청원 대표, 17대 대선 때 이명박 후보-강재섭 대표, 18대 대선 때 박근혜 후보-황우여 대표의 사례를 보면, 대표는 후보에 대해 불만이 있더라도 무조건 참으며 철저하게 음지에서 후보를 도왔다.

민주당만 보더라도 송영길 대표는 철저하게 이재명 그림자를 자처하고 있다. 이 후보가 지금까지 유지해 온 당과 정부의 기본 정책 방향을 바꾸고 있음에도 군말 없이 따라가면서 입법 지원에 나서고 있다. 그런 점에서 이 대표가 사사건건 윤 후보를 비판하는 것은 전례를 찾아보기 힘든 경우다. 그의 계속되는 언론 인터뷰 내용을 보면, 이건 도대체 어느 당대표의 발언인지 분간할 수조차 없는 경우가 비일비재하다.

최근 쿠팡플레이 'SNL코리아 시즌2'에선 '윤 후보 대통령 되기'와 '내가 대통령 되기'란 양자택일 질문에 "내가 (대통령이) 되는 게 좋다"고 말해서 주위 사람들을 놀라게 했다. 그러니 윤 후보와의 마찰이 차차기를 겨냥해 자신의 존재감을 높이려는 '자기 정치'를 하는 것 아니냐는 지적이 나올 수밖에 없다. 당원들의 불만은 이미 그 한계를 넘어서는 듯 보인다. 그러는 사이 윤 후보의 지지율은 곤두박질치고 있다.

2. 당대표의 잠행과 극적 화해

국민의힘 이준석 대표가 11월 말 갑작스럽게 잠행에 들어갔다. 수많은 문제와 변수에 대한 가능성을 가지고 그는 탈서울을 감행했다. 그가 의도한 목적은 차치하고라도 이는 전대미문의 돌출 행동이다. 정국은 얼어붙었고 여야 할 것 없이 긴장과 흥미를 가지고 이 사태를 지켜보고 있었다. 이는 김종인 위원장에 대한 설득 실패와 맞물려 윤석열 후보의 리더십에 커다란 상처를 주기에 충분한 사건이었다.

국민의힘 당 내외에서 이에 대한 해석과 처방에 대한 백가쟁명식 논의가 분출되었다. 보수 야당의 분위기는 참담해졌고, 모두의 감정은 격앙되어 갔다. 아무도 명쾌한 해결책을 제시하지 못했고 겉도는 이야기로 날을 세웠다.

이 대표 잠행 3일째 당 원로회의에서 마이크를 잡은 신경민 고문은 윤 후보와 이 대표와의 갈등에 대해 언급했다. "김종인 전 비대위원장과 이준석 대표 두 사람 때문에 우리 당이 여러 가지로 상처를 입고 있다"면서 "두 사람을 윤 후보가 끌어안고 같이 나가지 못하면 잃어버리는 표가 상당히 많을 걸로 생각한다"고 했다. 즉 그 말은 선대위를 둘러싼 갈등이 심화되자 윤 후보에게 '포용하라'고 조언한 것이다. 또 신 고문은 "아무리 불쾌하고 불편하더라도 꾹 참고 오늘 밤 이 대표가 묵고 있다는 곳에 찾아가서 같이 서울로 올라오면 아마 내일부터 분위기가 달라질 것"이라고 덧붙였다.

그러자 권해옥 상임고문은 "왜 찾아가느냐, 말도 안 되는 소리를 하고 있다"고 고성으로 반박해 순간 분위기가 얼어붙기도 했다. 이에 신 고문은 "마음에 들든 안 들든, 싫든 좋든 전부 내 편으로 만드는 게 중요하다"며 "윤 후보가 조금 더 여론에 우위를 차지하고 있지만 인기란 건 언제 어떻게 변할지 모른다. 지금도 벌써 초판과 많이 바뀌었다. 시야를 넓혀서 현 정권을 심판하는 데 초점을 맞춰 밀고 나가면 더 도움이 될 것"이라고 촉구했다.

윤 후보는 이에 대해 공개석상에선 별다른 답변을 하지 않았지만 "당분간 상경 계획이 없다"는 이 대표를 설득하기 위한 작업에 들어갔다. 돌연 잠적한 이 대표는 부산, 순천, 여수에 이어 제주에 머무르고 있는 것으로 알려졌다. 그러자 윤 후보는 선대위 소속 의원을 내려보내 사태를 수습할 방안을 찾고 있었다.

그러던 중 갑작스레 윤 후보와 이 대표의 울산 회동이 이루어졌다. 이번 회동 성사의 숨은 주역으로 홍준표 의원이 꼽힌다. 홍 의원은 12월 2일 밤 윤 후보와 비공개로 만났다. 대선 경선에서 치열한 대결을 벌인 두 사람은 껄끄러운 관계였지만, 회동 분위기는 나쁘지 않았다고 한다. 홍 의원은 윤 후보에게 "이 대표를 찾아가서 설득하라. 당은 이 대표가 주도해야 정상이고, 파리가 설치면 대선을 망친다"는 취지로 조언했다고 한다.

윤 후보와 저녁 회동을 마친 후 홍 의원은 윤에 대해 "사람은 꼼수 부리지 않고 괜찮은 것 같다"며 의외로 좋게 평가했다. 그는 울산 회동이 끝난 뒤엔 '청년의꿈' 게시판에 "이제 마음 편히 백의종군할 수 있게 됐다. 나를 이용해 선대위를 완성했다면 그 또한 훌륭한 책략"이라며 긍정적으로 반응했다.

당 일각에선 "윤 후보와 홍 의원의 회동이 김 위원장에게 상당한 압박이 됐을 것"이란 분석도 있다. 앞서 당내에선 김 위원장과 홍 의원의 '악연'을 고려하면 두 사람 중 한 사람만 선대위에 합류할 것이란 관측이 지배적이었다. 윤 후보와 홍 의원이 만난 뒤엔 "윤 후보가 홍 의원과 손잡는 것 아니냐"는 뒷말도 나왔다. 홍 의원이 선대위에 먼저 합류할 경우 역할 공간이 줄어들 수밖에 없는 김 위원장이 결심을 서둘렀을 가능성이 있다. 실제로 울산 회동 뒤 윤 후보는 홍 의원에게 감사의 뜻을 전했다고 한다.

또한 울산 회동에서 중재자로 나선 김기현 원내대표의 역할도 재조명되고 있다. 실제 3일 회동 전 김 원내대표는 윤 후보, 이 대표 양측에 "뭐가 됐든 일단 만나야 풀린다. 주말을 넘기면 모두가 지는 게임"이라고 설득했다고 한다. 이 대표는 "김 원내대표가 술잔도 거의 입에 대지 않고 대화가 엇나갈 때마다 나와 윤 후보에게 핵심 포인트를 짚어 주면서 협의를 이끌어 냈다"고 전했다.

김종인 위원장의 전격 합류

김종인 위원장의 합류 결심도 울산 회동을 해피엔딩으로 마무리지은 화룡점정이었다. 홍준표 의원은 윤석열 대선 후보를 위해 판을 깔아 주었고, 원희룡 전 제주지사는 망설이던 김종인 위원장을 직접 설득했다. 김기현 원내대표는 윤 후보와 이 대표 사이에서 중재자 역할을 충분히 해냈다.

국민의힘 관계자들이 전한 3일 '울산 회동'의 막후 배경을 보면

실로 드라마틱하다. 울산 회동의 표면적인 주연은 윤 후보와 이 대표였지만 당내에선 "무대 뒤편에서 벌어진 급박한 막전 막후가 아니었다면 해피엔딩은 없었을 것"이라는 반응이 나왔다. 그간 이 대표와의 갈등, 김 위원장과의 밀고당기기, 홍 의원과의 껄끄러운 관계 등 삼중고에 휘둘렸던 윤 후보는 이날 회동으로 반전의 계기를 마련했다는 평가다.

잠행 중이던 이 대표는 대리인을 통해 김 위원장 측과 연락을 주고받으며 지속해서 합류를 설득했다고 한다. 한 당 관계자는 "지난달 30일에서 1일로 넘어가는 시점에 김 위원장 측이 합류를 긍정적으로 검토해 보겠다는 뜻을 이 대표 측에 전달했다"고 말했다. 실제 김 위원장은 이 기간 라디오 인터뷰나 대외 행사 참여를 취소하는 등 보폭을 줄였는데, 당 관계자는 "합류를 염두에 두고 말을 아꼈다는 의미"라고 설명했다.

물론 당 중진들의 노력도 있었다. 권성동 당 사무총장과 김재원 최고위원, 5선의 정진석 의원이 김 위원장을 찾아가 합류를 요청했다. 이 자리에서 권 사무총장은 "선대위의 원톱은 누가 뭐래도 김 위원장"이라고 강하게 설득했다.

원희룡 전 제주지사와 김 위원장의 저녁 회동도 결정적인 장면으로 꼽힌다. 같은 시각 윤 후보는 홍 의원과 비공개 저녁 회동을 하고 있었다. 이날 원 전 지사는 김 위원장에게 당의 위기 상황을 전하며 "합류를 결단해 달라"고 호소했다. 김 위원장과 가까운 인사는 "원 전 지사와 식사 뒤에 합류 결심을 굳힌 것 같다"고 전했다. 실제 김 위원장은 울산 회동이 시작된 직후 언론과의 인터뷰에서 "내가 당이 선거를 치를 상황이 되면 책임을 다한다고 말하지 않았나. 선대위 합류를 긍정적으로 검토하겠다"는 뜻을 전했다. 그의 마음은 이미 결정돼 있었던 것이다.

홍준표 "윤, 날 이용했다면 훌륭한 책략"

홍준표 의원은 김종인 전 비상대책위원장의 선대위 합류에 대해 "(윤석열 후보가) 나를 이용해 대선 캠프를 완성했다면 그 또한 훌륭한 책략"이라고 말했다. 홍 의원은 "나의 역할도 있었으니 그 또한 만족"이라며 "(제가) 몽니(를 부린다는 주장)에서도 벗어났으니 다행"이라고도 했다.

사실 홍 의원은 검사 시절 김 전 위원장의 동화은행 관련 조사를 하게 된 악연을 시작으로, 자신의 복당 문제를 반대한 김 전 위원장과 수차례 신경전을 벌여왔다. 홍 의원이 자신과 악연이 있고 정치철학이 다른 김 전 위원장의 합류를 이유로 선대위 참여를 거부한다면 나름의 명분이 생긴다. 그래서 "마음이 편하다"고 한 것으로 해석된다. 또한 홍 의원은 김 전 위원장의 스타일로 봐서 후보보다 더 많은 권력을 쥐고 선대위를 통제하고, 나아가 지방선거

공천권 등을 쥐려고 하기 때문에 추후 대선과 지방선거 결과에 대한 책임 문제도 피할 수 있다는 생각도 한 것으로 보여진다.

3. 야권에 대한 언론의 간절한 소망

이 대표의 돌발 행동에 가뜩이나 당내 기존 세력 내에서 별로 인기가 없던 이 대표에 대한 당내 평가는 더욱 무겁게 내려앉았다. 이는 다시 말해서 향후 만약 윤 후보의 지지율이 하락한다면, 이 대표를 향한 당내 여론은 악화일로로 치달을 가능성이 있다. 일각에선 이 대표가 이 같은 위험을 감수하고도 본인의 정치 인생을 건 '도박'을 택했다는 분석도 나온다.

도박의 의미는 잠행 시작 11월 30일부터 12월 2일까지 이 대표에 대하여 정가에서는 '대표 사퇴설'까지 제기됐다. 대선 국면에서 당대표가 잠적을 택한다는 건 사실상 후보 지지 철회는 물론 모든 것을 포기한다는 의미이기 때문이다. 이 대표에 대해서 '내부 총질'을 하고 있다는 맹렬한 비판이 제기됐다. 실제 이 대표 페이스북에는 '이럴 거면 사퇴하라', '야당 대표가 여당 좋은 일을 하고 있다'는 등의 악플이 줄을 이었다. 전여옥 전 의원은 "잘됐다. 이번 기회에 아주 그냥 사라져라"고 막말을 퍼부었다.

당의 우려는 현실이 됐다. 이 대표 잠적 다음 날 이재명 민주당 대선 후보의 지지율이 윤 후보를 오차범위 내에서 앞섰다는 여론조사 결과가 발표되었다. 이 후보 35.5%, 윤 후보 34.6%로 0.9% 포인트 차로 역전되며 박빙을 보이는 것으로 나타났다.

그래서 이 대표의 잠적이 갑작스런 돌출 행동이 아니라 철저히 계산된 행보라는 분석도 나왔다. 평소 여의도 정가에서 그는 비록 나이는 어리지만 계산이 빠른 노회한 전략통으로 꼽힌다. 심지어 당 내외 관계자들 사이에서는 이 대표가 이 정도로 행동한다는 것은 극단적으로 '대선 패배'라는 시나리오까지 상정한 후 행동하고 있다는 분석도 나왔다.

평소 이 대표는 윤 후보에 대해 정치 신인으로서 정치적 전략이나 자질이 부족한 것으로 판단하고 있다고 한다. 또한 2030세대와의 소통전략도 인사철학도 부족하다고 생각하고 있다는 것이다. 특히 이 대표는 윤 후보 측근들을 백안시하여 본인이 윤 후보를 도와 대선에서 승리하더라도 향후 윤 후보 측근들에게 밀려 당내 입지가 좁아질 상황을 미리 염려했을 것이란 추측도 나온다. 결국 이번 기회에 자신의 정치를 하고자 하는 심모원려(深謀遠慮)에서 나온 것이라고 보는 것이다.

윤석열 후보와 이준석 대표가 극적인 화해를 이룬 다음 날 언론은 일제히 무의식적인 성원의 박수를 보내 주었다.

"윤석열 국민의힘 대선 후보와 이준석 대표는 울산에서 극적 화해를 이루고, 연이어 부산을 방문하여 청년층을 향한 공동 구애에 나서며 부산 거리를 누볐다. 시민들은 화합을 이룬 윤 후보와 이 대표의 모습에 안도감을 나타내는 동시에 정권 교체를 위해 마지막까지 화합을 유지할 것을 당부했다."

이것은 기사가 아니라 야권에 대해 간절한 소망이 담긴 탄원서 같은 것이었다. 그동안 언론조차 야당의 성공적인 단합을 얼마나 기다려왔는지 충분히 짐작할 수 있는 대목이다. 국민의힘은 이러한 역사적 소명을 의식해야 할 것이다.

윤 후보와 이 대표는 이날 부산진구에 위치한 서면 청년의 거리를 찾아가 셀카 촬영을 하며 청년층에 다가가기 위해 노력했다. 두 사람은 2030세대를 겨냥한 듯 '셀카 찍고 싶으면 저에게 말해주세요', '셀카 모드가 편합니다'라는 글귀가 적힌 빨간색 후드티를 갖춰 입었다. 이날의 보도 내용을 보면 국민의 여망을 충분히 짐작할 수 있는 것이었다.

"두 사람 주위에는 200여 명이 넘는 인파가 몰리기도 했다. 시민들은 전날 극적 화합을 이룬 윤 후보와 이 대표가 친밀감을 과시하는 모습에 안도감을 표했고, 향후에도 화합을 유지하길 바라는 마음도 드러냈다. 시민들은 양측이 화합하는 모습에 환호성을 지르며 '이겼다' 구호를 반복해 외쳤다. 주변 건물에서 식사를 하던 시민들도 창밖으로 두 사람을 흐뭇한 표정으로 지켜보면서 사진을 찍었다"며 더 나아가 이를 지켜본 시민들의 반응도 함께 올렸다.

20대 남성은 "(정치권에서) 정책적인 부분은 서로 싸울 수 있지만 개인적 자존심 때문에 싸우는 일은 더는 발생하지 않았으면 좋겠다"고 밝혔다. 국민의힘 당원인 60대 남성도 "(윤 후보와 이 대표가) 합의를 안 했으면 탈당을 하려고까지 생각했다"면서 "화합을 이뤄서 다행이고 앞으로 대선 때까지 잘 해야 한다"고 말했다. 다만 양측의 갈등 원인을 두고는 세대별 시선이 엇갈렸다. 청년층에서는 갈등 원인이 윤 후보 측에 있다고 봤지만, 윤 후보 지지층이 밀집한 노년층에서는 정반대의 반응이 나왔다.

4. 한신(韓信)의 간결하고 명쾌한 전략

《초한지》를 보면 전쟁의 신 한신의 기기묘묘한 전략이 수도 없이 나온다. 그중에서도 천하의 가장 막강한 장수 항우와의 마지막 전투에서 그가 취한 전략은 단 하나, 간결하고 일사분란한 지휘 계통을 세우고 이를 밀어붙이는 리더십이다. 오직 그것만이 각처에서 모인 수많은 장수들과 군사들을 통솔할 수 있었다.

그러나 뛰어난 전략으로 전투에서 거의 다 승리하였지만, 그는 마지막으로 도저히 항우를 물리칠 수 없어서 최고참 장수 장자방에게 지혜를 물었다. 그러자 장자방은 초나라 군사들을 물리치는 전략으로 그들을 감상적으로 만들어 나약하게 만드는 작전을 쓰도록 했다. 이것이 사면초가의 위계다.

여기서 퉁소를 부는 장자방은 누구일까? 누가 저런 잔꾀를 내는 사람일까? 이렇게 보나 저렇게 보나 이는 당대표 이준석이다. 그는 자칫하면 잔꾀나 내는 사람일 수도 있고, 역으로 큰일을 낼 수 있는 사람이기도 하다.

대선이 임박한 현 시점에서 윤 후보는 주요 이슈에 대한 선택과 집중을 해야 한다. 모든 것을 다 가지고 싸우겠다는 캐치 올 전략으로는 안 된다. 이 대표와의 갈등도 필요하다면 확실하게 정리할 필요가 있다. 여기에는 윤 후보의 과감한 베팅도 불사하는 전쟁 원칙이 필요할 것이다. 다시 말해 결사대를 조직해서 적진을 돌파하는 전략을 쓰던지, 당대표나 선대위원장급들을 과감하게 내치는 전략도 필요하다는 말이다.

그러나 한편에서는 윤석열에 대한 강한 비판의 의견도 있다. 경영학 이론에서 사소한 실수가 모이면 기업의 앞날이 흔들릴 수 있다는 뜻의 '깨진 유리창' 이론을 제시하면서 윤의 리더십에 대한 독한 비판을 낸 것이다. 그것은 표면적으로 드러난 김종인 전 비상대책위원장의 총괄선거대책위원장 참여나 이준석 대표의 업무

보이콧 같은 큰 이슈에 가려 있지만, 다른 중요한 문제가 여러 곳에 포진하고 있다는 지적이다. 대선을 불과 70일여 남겨 둔 상황에서 "윤 후보가 위기에 놓였다"는 징후가 나타나고 있다고까지 하였다.

그중의 하나는 윤석열의 정치력을 가늠하는 잣대 중의 하나로 대선 후보의 절박함 부족을 지적하고 싶다. 그것은 달리 말하면 그의 여유로움을 칭찬할 수도 있겠지만, 과거 대선 후보들이 여유와 함께 보여 준 절박한 상황의식을 말하는 것이다. DJ나 YS 등의 죽음도 불사하는 지사형 대선 후보의 모습을 새삼 요구하는 것이 아니라도, 최소한 건곤일척의 절박함이 얼굴이나 행동에서 묻어나길 바란다는 뜻이다. 그에게 너무 많은 것을 기대한다기보다 그를 지켜보는 국민의 마음이 그러하다는 것이다.

윤석열은 지금 그냥 대선 후보가 아니다. 이 절박한 시점에서 많은 일을 단시간 내에 해야 하는 기본적인 역사적 소명이 있기 때문이다. 사회 각 분야 모든 것이 비정상의 궤도에 놓여 있는 현재 보수 대선 후보는 그 모든 것에 대한 해결책과 대안을 제시하고 이루어 내야 하는 것이다. 그렇기 때문에 국민들은 야당이 과거처럼 무슨 엄청난 비전을 제시하기보다는 사회 정상화와 상식을 요구하는 것이다. 그것만 이루어도 지금 시점에서는 엄청난 일이 된다.

정치평론가들이 늘 하는 말이지만, 우리나라의 선거 지형은 언제나 보수3, 진보3, 중도4의 구도로 움직이고 있다는 것이다. 그러므로 당연히 중도층을 설득하는 전략이 결정적이라는 것이다. 이번에도 여의 이재명이나 야의 윤석열 모두 중도층을 향한 표심 구애 전략이 가장 중요하다. 결국 이번 대선도 역시 승자를 예측하기 어려운 박빙의 승부가 펼쳐질 가능성이 높다. 불과 1~2% 차이로 승부가 판가름날 수도 있다.

그렇다면 국민의당 안철수 후보와의 야권 후보 단일화 여부가 대선판의 마지막 주요 변수가 될 것인데, 이는 다른 사람 아닌 윤석열 후보가 풀어야 할 또 다른 난제가 될 것이다. 현재까지 이준석 대표의 입장은 안철수 후보와의 감정 문제에서 비롯된 것으로서 단일화에 대해 부정적이다.

물론 국민의힘 당헌 제74조(대통령 후보자의 지위)는 "대통령 후보자는 선출된 날로부터 대통령선거일까지 선거업무의 효율적 추진을 위하여 필요한 범위 내에서 당무 전반에 관한 모든 권한을 우선하여 가진다"고 규정하여, 대선 후보가 당무 전반에 관해 우선적인 권한을 가지기 때문에 선거에 필요한 범위에 해당하는 단일화 여부에 대한 판단은 윤석열 후보가 결정해야 하는 것이지만 현실은 그렇게 간단치 않다.

윤 후보는 대선 후보 선출 직후 기자들과의 질의응답에서 단일화 여부에 대해 "당장 제가 여기에 대해 (자세히) 드릴 말씀은 없다"면서도 "원론적으로만 말하자면, 지금 이 무도한 정권의 연장을 끝내고 정권 교체를 한다는 데 대해 전부 같은 열망이 있는 분들이기 때문에 큰 틀에서 우리가 야권통합을 이룰 수 있다고 생각한다"며 단일화 가능성을 열어 두기는 했다.

향후 정국의 변화 추이에 따른 변수가 생길 것이지만, 윤 후보와 안 후보 간 단일화는 정권 교체를 위한 필수 요인이 될 수밖에 없을 것이다.

제4부
제20대 대선의 가장 핫한 이슈

대장동 개발사업과 그에 관한 의혹

1. 대장동 개발사업 논란

연일 대장동 개발 특혜 논란이 우리 사회를 들썩이게 하고 있다. 특히 우리 법조계는 더욱 그렇다. 고위급 법조인들인 전직 대법관, 전직 검찰총장, 전직 특별검사, 현직 국회의원 가족까지 동원되어 막대한 이득을 취한 것으로 드러났기 때문이다. 어떻게 지방 중소업체에 거물급 법조인들이 대거 연루되어 있는지 참으로 알 수 없는 노릇이다.

대장동 개발사업은 당초 토지공사가 공영개발로 추진하려던 것을 이명박 정부 때 민영개발로 변경되었고, 다시 이재명 후보가 성남시장 시절 공영개발로 전환했으며, 이를 성남시의회 등의 반대로 결국 공공이 민간과 공동추진한 도시개발사업이다. 이재명 전 성남시장은 당시 성남시의회의 반발로 공영개발이 좌초되어 어쩔 수 없이 민관 공동개발이 추진된 만큼 개발이익 수천억 원을 환수한 것은 민간업자의 개발이익 백 프로 독식을 방지한 모범적인 공익사업이라 강조하며, 자신이 이 사업을 설계했다고 공언했다. 하지만 사업 과정을 살펴보면 많은 문제점이 드러난다. 이제부터 이 사업을 상세하게 들여다보기로 한다.

대장동 개발사업은 그 출발부터가 많은 문제점을 내포하고 있다. 우선 공공기관인 성남시가 인허가권자로서 모든 기본적인 역할과 택지수용까지 도맡으며 민간업자의 사업 리스크를 거의 줄여줬다. 다음으로 무엇보다 국민임대주택 용지를 분양 용도로 전환해 주면서, 민간개발업자의 바가지 분양가를 허용해 줘 '주거안정이라는 공공의 역할'은 사라졌다. 이런 사정을 고려하면 오히려 인허가권자인 성남시가 부정부패를 차단하기보다는 특혜 이익의 지원자 역할을 했다고 볼 수 있다. 이런 이유로 부당한 이득을 개발이익 환수로 포장하는 이재명 후보의 주장에 동의하기 어렵다.

공익을 위하여 공공기관인 시에 부여한 행정법상 강제수용권을 국민의 주거안정이 아닌 개발이익을 위한 장사수단으로 남용하고,

그 이득을 민간개발업자와 나누는 것은 결코 공공의 역할이 아니다. 이러한 사실로 보아 대장동 개발사업은 모범적 공익사업이 아닌 철저하게 국민을 상대로 장사하고 민간업자에게 과도한 부당이득을 안겨 준 공공과 토건사업자의 공모에 의한 토건 부패사업이라고 보아도 이상이 없다.

불과 몇백 투자해 백억여 원을 배당받고, 몇천만 원을 투자해 천여억 원을 배당받고, 오천만 원을 투자해 몇백억 원을 배당받는 '천문학적 특혜'가 모범적인 공익사업일 수가 없다. 대장동 개발 비리 의혹 수사는 망국적인 토건족과 이들이 결탁한 공공의 부패사슬구조의 실체를 낱낱이 밝히고 처벌하는 것이다. 이것이 불가능하다면 우리 사회는 희망이 없다.

2. 특권층의 부패사슬구조

자세한 사항은 다 그만두고라도 화천대유와 개인투자자 등 7명의 민간인은 출자금 몇억 원으로 1조 원 가까운 부당이득을 챙겼다. 곽상도 국민의힘 국회의원의 아들은 화천대유 퇴직금으로 50억 원을 받았다. 박영수 전 특검의 딸은 화천대유 아파트를 수의계약으로 특혜 분양받았고, 이 아파트는 분양대금보다 2배 이상 가격이 올랐다. 권순일 전 대법관, 박영수 전 특별검사, 강찬우 전 수원지검장, 김수남 전 검찰총장, 이경재 변호사는 화천대유 법률 고문으로 활동했다. 원유철 전 미래한국당(국민의힘 전신) 대표는 화천대유 고문으로 활동하면서 매달 천만 원을 받았다. 참고로 대법원 형사2부는 '불법 정치자금 수수'로 원유철 전 대표에게 징역 1년 6개월과 추징금 5천만 원을 선고한 원심을 확정했다.

이상에서 요약한 것처럼 정치인, 법조인, 언론인, 재계, 지자체 등이 토건족들과 결탁하여 권력형 부패사건으로 실체가 드러나고 있다. 그러나 지금까지 드러난 사실은 빙산의 일각일 뿐 완전한 실체는 특검을 통해 철저히 밝혀져야 한다. 지금까지처럼 검찰이나 경찰의 고소·고발 위주의 소극적 수사로는 비리 의혹 관련자들이 해외로 출국하거나 증거 인멸 등으로 제대로 된 수사가 진행될 수 없음을 국민들은 체감하고 있다. 지금 같은 수사는 정권 눈치보기식 수사라는 비판을 피할 수 없을 뿐 아니라, 토건 카르텔의 구조적인 비리 실체를 밝혀 내지 못한 채 개인 비리와 일탈로 처리될 가능성이 매우 높다고 보는 것이다.

민주당과 이재명 후보는 대장동 개발 의혹에 대해서 전혀 문제될 것이 없다고 주장하며 유권자 표심에 영향이 없을 거라고 강변하고 있다. 하지만 언론은 민주당의 이런 점이 아직도 야당 시절부터 체질화된 버릇이라고 지적하고 있다. 민주당의 오래된 야당

근성이랄까 무책임성이랄까, 하여간 보수 정당으로서는 생각하기 어려운 국면임에 틀림없다.

　당시 이재명 후보가 성남시장으로 재선되었을 때는 박근혜 정부가 들어선 직후였다. 이때 민주당 후보로 두 번의 시장 생활이 시작되었지만 지금의 야당 체제하의 정치구조와 인적 커넥션이 형성되어 있었다. 이는 지금의 야당 체제 아래서 무엇도 할 수 있는 구조였다는 의미다.

　민주당에 지명도가 거의 없던 시기에 성남시장으로 당선된 이재명 후보는 어쨌거나 대선 후보에 오르기까지 험난한 여정을 성공적으로 헤쳐 나온 입지전적인 인물이다. 그리고 2017년 현 정부가 시작되면서 이재명 후보는 도지사까지 되었지만, 당시 법원 판결을 기다리는 어려움이 동시에 진행될 정도로 다급한 위치에 놓여 있었다.

3. 이재명 후보를 향한 거센 공세

　현재 '대장동 개발 특혜 의혹'과 관련해 이재명 후보를 겨냥한 야권 인사들은 물론 여권 내에서도 거센 공세가 이어지고 있다. 여당 내의 자산관리회사 '화천대유'가 거액의 수익을 올리게 된 배경엔 이 후보가 있다는 게 주장의 핵심이다. 야당 측은 "이 지사가 대장동의 과거를 부정하면 부정할수록 결국 화살은 본인에게 돌아갈 것이다. 이 지사는 옴짝달싹 못할 외통수에 걸려 있다"면서 다른 민관 합동 방식의 개발과 비교해도 대장동은 이익이 민간에 집중돼 있다고 했다. 그러자 이재명 후보는 "앞서 진행한 위례 개발의 경우 성남도시개발공사의 5% 출자지분율에도 불구하고 배당지분율을 50%로 설정해 공공으로 환수되는 이익을 극대화했다"는 예시를 들었다.

야당 인사들은 유동규라는 인물이 이 지사의 최측근임을 내세워 "그가 당시 대장동 배당이익이 민간기업에 치우쳤다는 정당한 목소리를 묵살했고, 해당 팀과 직원을 교체했다"는 의혹도 강조했다. 그리고 "이 후보가 성남시장 초선 당선 직후 유씨를 성남시설관리공단 기획본부장으로 임명했지만 유씨는 '허위 경력 의혹'과 '겸직 논란'으로 의회의 뭇매를 맞았다. 그럼에도 이 시장은 기획본부장 임명을 강행했다"고 지적하면서 "유씨부터 성남도시개발공사 김모 개발사업처장까지 처음부터 대장동을 기획한 이들은 이재명과 함께 활동해 오던 사람들임이 확실하다"고 목소리를 높였다.

홍준표 의원은 자신의 페이스북에서 "공공개발이건 민간개발이건 언제나 공공용지는 기부채납을 받는다. 심지어 재건축도 기부

채납을 받는다. 이 지사가 '공공으로 이익을 환수했다'는 어처구니 없는 말로 국민을 현혹시키고 있다"고 주장했다. 그러면서 "이 지사가 대장동 개발 비리의 주역임을 숨길 수 없게 됐다"고 강조했다. 그리고 "성남시 공무원들의 폭로가 쏟아지는 것을 보니 이 지사는 오래가지 못할 것 같다. 야당에서 특검법을 제출하면 민주당은 차기 대선을 위해서라도 그걸 받아야 한다"고 훈수를 두기도 했다.

홍 의원은 계속해서 "토건 비리 커넥션은 이 지사가 주도해서 저지른 대장동 개발 비리 사건이다. 그걸 빠져나가려고 느닷없이 택지 공공개발 운운하다니 가소롭다"는 글을 올렸다. 그러면서 "그렇게 당당하면 왜 특검을 못 받나. 꼭 '아수라' 영화를 보는 기분"이라고 덧붙였다. 영화에서는 이권과 성공을 위해 각종 범죄를 저지르는 시장 박성배(황정민 분)가 비참한 최후를 맞이한다.

김재원 국민의힘 최고위원은 "이래저래 대장동에서 가막소 가실 분들은 하나둘 늘어만 간다"며 화천대유 고문을 맡았던 권순일 전 대법관을 집요하게 물고늘어졌다. 그는 먼저 권 전 대법관과 이성문 화천대유 대표의 말이 엇갈린다는 점을 강조했다. 이에 대해 권 전 대법관은 조선일보와의 인터뷰에서 "전화 자문 정도만 했고 사무실에 출근하지 않았다. 대장동 사업 관련 자문한 적은 없다"고 밝혔다. 반면 화천대유 대표는 언론 인터뷰에서 "자문료

월 1,500만 원에 상응하는 일을 했다. 대장지구 북측 송전탑 지하화 문제를 해결하기 위해 모셨고, 내가 권 전 대법관의 서초동 사무실에도 네 번 정도 갔다"고 말했다. 김 최고위원은 "(권 전 대법관의 말처럼) 전화 자문만으로 그토록 많은 돈을 받았다면 한 일에 비해 턱없이 많은 돈을 받은 것"이라며 "판사 시절 자신의 판결과 관련된 사후수뢰죄로 의심받아 마땅하다"고 주장했다. '판사 시절 자신의 판결'이란 대법원이 지난해 7월 무죄 취지로 파기환송한 이 지사의 선거법 위반사건을 가리키는 것으로 보인다. 야권 일각에서는 권 전 대법관이 당시 판결에 참여한 것과 화천대유 고문 영입을 연관 짓는 주장이 나온다.

또 김 최고위원은 "(이 대표의 말이 맞다면) 변호사 영업을 할 수 없는 분이 열정적으로 변호사 영업을 한 것이니 변호사법 위반죄가 확실해 보인다"고 했다. '법관 퇴직 일 년 전에 맡았던 사건은 퇴직한 날로부터 일 년 동안 수임할 수 없다'는 변호사법 제31조 위반이라는 것이다.

이 지사의 선거법 위반사건 1, 2심에서는 '대장동 개발 업적 과장' 의혹이 다뤄졌다. 권 전 대법관은 이에 대해 "이 지사 사건의 주심이 아니었기 때문에 항소심 쟁점이 요약된 보고서를 봤을 뿐, 대장동 개발 문제가 포함돼 있었는지 전혀 몰랐다"고 해명한 것으로 알려졌다.

4. 분노의 목소리—어쩌다 여기까지 오게 된 걸까

경실련의 강경한 입장

경제정의실천시민연합(경실련)은 지금까지 우리나라의 구조적이고 본질적인 문제에 대해 거침없이 정론을 펼쳐왔다. 그들의 목소리는 항상 약자 편에서 아무도 신경 쓰지 않는 작은 목소리까지 국민들에게 진실을 알려주는 일을 해왔다. 그래서 그들의 발언은 언제나 대중의 지지를 받아온 것이다. 그들은 지금의 586들의 정신적 고향이랄까, 지지목 같은 역할을 해왔다. 그런데 지금 성남시 대장동 개발사업 의혹에 대해 연일 분노의 목소리를 내고 있다. 그들은 대장동 의혹에 대해서 가장 강경한 입장을 견지하고 있다.

경실련은 '대장동 개발이익 추정발표'에서 대장동 개발이익을 전액 몰수할 것을 주장했다. 이어 검찰의 미온 수사를 지적하며 특검 도입을 촉구했다. 그들은 대장동 개발사업을 분석한 결과 전체 이익 1조8,000억 원 중 성남시가 환수한 금액은 10%인 1,800억 원에 불과하고, 나머지는 화천대유자산관리(화천대유) 등 민간사업자가 가져갔다고 지적했다. 즉 국토부의 대장동 택지 매각액과 주택분양 매출 등을 분석하고 택지 조성 및 아파트 분양 원가를 추정해

개발이익을 산정한 결과, 전체 이익의 90%인 1조1,000여억 원이 화천대유 등의 민간업자에게 돌아갔다고 주장하고 있다.

경실련에 따르면 대장동 택지 판매로 생긴 이득은 7,243억 원이다. 택지 매각 금액이 2조2,243억 원인데, 여기에서 이재명 경기도지사 측이 발표한 개발사업비 1조5,000억 원을 제외한 액수다. 공동주택지 13개 블록(4,340세대) 분양 수익은 1조968억 원으로 산정됐다. 주택지 5개 블록을 분양한 화천대유의 분양 수익은 4,000억 원으로 추정됐다. 경실련은 "화천대유와 천화동인 7명이 받은 택지 매각 배당금 4,040억까지 합하면 챙긴 이익이 8,500억 원"이라며 "김만배 일가는 출자금 대비 3,800배의 수익을, 천화동인 4~7호 4명도 2,054억 원을 챙겨 1,100배의 부당이익을 얻었다"고 강하게 비판했다.

이재명 후보는 국정감사에서 "1조 원에 이를 수 있는 이 개발이익을 100% 환수하려 했고, 그걸 못하게 막았기 때문에 그나마 절반 또는 70%라도 환수한 것"이라고 했지만, 경실련은 이를 어불성설이며 거짓말이라고 정면으로 반박했다. 경실련은 그러면서 "성남시에 대한 압수수색조차 최근에야 이루어지는 등 눈치보기식 수사를 의심할 수밖에 없다. 특검 도입으로 사건의 실체를 밝혀야 한다"고 촉구했다.

이렇듯 대장동 개발을 둘러싼 권력자들의 토건 부패의 실체가 연일 드러나며 온 국민이 분노하고 있다. 주거 안정을 위해 추진해야 할 개발사업에서 민간업자는 6천억 원 이상의 부당이득을 취하는 특혜를 누렸고, 전직 대법관, 전직 검찰총장, 전직 특별검사, 현직 국회의원 가족까지 동원되어 막대한 이득을 취한 것으로 드러났다. 지금 같은 부분적·산발적 수사로는 썩은 냄새가 진동하는 토건 부패를 해소할 수 없다. 검찰은 즉각 강제수사에 나서고 국회는 신속한 특검 도입으로 권력형 토건 비리 실체를 낱낱이 밝혀 처벌해야 한다. 지금까지의 소극적 수사로는 제대로 된 실체를 밝히기 어렵다.

경실련은 정부와 국회에 대해서도 부동산 문제의 실정을 고발하였다. 문재인 정부 집권 시기에 부동산 가격은 역대 최고치로 폭등했다. 이런 상황에서 드러난 대장동 토건 부패 의혹에 대한 수사조차 제대로 하지 않는다면 국민적 저항에 부딪칠 수밖에 없다. 대통령은 망국적인 권력형 토건 부패를 낱낱이 밝히고 비리를 근절하라는 국민적 요구를 적극 이행할 의지가 있다면 지금 당장 전방위적인 강제 수사에 나서야 한다. 국회도 이 사건을 정쟁의 수단으로만 악용해선 안 된다. 국회는 신속히 특별검사를 도입하여 권력형 토건 비리 의혹을 낱낱이 밝혀내고 근본적인 토건 비리 재발 방지책을 제시하기 바란다.

선후포럼의 예언

제20대 대통령선거를 6개월여 앞둔 9월 초 권경애, 금태섭, 진중권, 세 사람이 헤쳐모여 '선거 이후를 생각하는 모임'(선후포럼·SF포럼)을 출범했다. 이들은 포럼 창설 취지문에서 "이번 대선 키워드는 '변화'가 돼야 한다"며, 포럼 목표는 "각 캠프가 진짜 중요한 문제를 정면으로 마주보고 합리적인 대안을 마련하도록 견인하는 것"이라고 밝혔다.

그들은 분명하게 말하고 있었다. 그것은 차라리 오멘과도 같은 불안한 징조에 대한 예언이었다.

"4·7재보궐선거가 끝나고 여러 경로로 각 대선주자와 캠프에 계신 분들을 만났다. 정치평론을 하거나 정치에 관심 있는 젊은 분들과 대화할 기회도 많이 가졌다. 특히 젊은 분들에게 이번 대선을 어떻게 생각하느냐고 물으면 이구동성으로 '양쪽 다 싫다'고 한다. 취지문에도 썼지만 한 젊은 정치평론가가 '여권에서는 갑 후보, 야권에서는 을 후보가 될 것으로 예상하고, 본선에서는 막상막하의 승부가 될 것이다. 만약 갑이 승리해서 민주당이 재집권하면 민주당은 지금까지와 같이 편가르기 정치를 계속하다 '폭망'할 거고, 을이 당선되면 변화하지 못하고 과거에 안주하는 보수세력은 모처럼 찾아온 기회를 다시 한 번 말아먹고 역시 망할 것이다'라고 했다. 그들의 예언은 한마디로 누가 이기든 미래가 어둡다는 것인데, 또 다른 젊은 평론가가 이를 '에일리언 대 프레데터'(과거 인기를 끈 괴수들의 대결)의 싸움이라고 표현한 바 있다. 물론 평론가는 그렇게 말해도 되겠지만, 현장에서 정치하는 사람이 '양쪽 다 망한다'고 하면 그것은 무책임하다. 어떻게든 우리 사회가 조금이라도 나아질 수 있도록 노력해야 한다."

선후포럼은 유튜브 채널을 통해 세 사람의 대담 영상 '어쩌다 우리는 여기까지 오게 된 걸까'를 내보냈다.

"사회가 바뀌고 경제 시스템이 바뀌고 문화도 바뀌어야 합니다. 그리고 그것을 위해서는 정치 변화가 선행해야 합니다. 민주주의 사회에서 선거는 변화의 촉진자입니다. 대선이 중반전으로 접어드는 이 시점까지 시민들이 변화 조짐을 느끼지 못하고, '어느 쪽이 되든 예전과 별로 다르지 않고 잘 안 풀릴 것이다'라는 생각을 하고 있다면 그것은 심각한 위험신호입니다."

이어서 그들은 김종인 전 국민의힘 비상대책위원장과의 대담을 생중계했다. 이 자리에서 김종인 전 위원장은 "후보 자신들도 대통령이 되고 싶다는 생각만 갖고 있는 것이지 자신 있는 후보가 보이지 않는다. 어느 후보도 자신 있게 현재 대한민국이 직면한 상황이 뭐라는 것을 인식하고 그 인식을 바탕으로 문제를 자신 있게 추려야겠다는 비전을 제시하는 분이 없다. 대통령으로 당선되면 적당히 나라가 굴러갈 수 있다고 착각하는 것 아닌가"라고 거침없이 비판했다.

윤석열 예비후보에 대해서는 "현 정부와 극한 대립으로 후보가 됐으니 정부에 대한 이야기를 아무리 해 봐야 국민에게 먹히지 않는다. 일반 국민에게 정권 교체는 크게 의미 없다. 이재명 경기지사가 돼도 정권이 교체되었다고 생각하는 사람이 많다"면서 여야를 막론하고 대선주자들에게 "현 정부의 잘못에 대해 뭐라고 하지 말고 미래지향적 이야기를 하는 게 현명하다"고 조언했다. 이는 선후포럼이 나아갈 방향과도 일치한다고 했다.

이러한 김 전 위원장의 발언이 언론에 소개된 후 선후포럼 활동이 주목받고 있다. 부동산 전문가 심교언 건국대 교수가 출연한 '땅의 신에게 화천대유를 묻다', 대장동 의혹을 최초 보도한 박종명 경기경제신문 대표기자가 들려주는 '아직 빙산의 일각일 뿐', 젊은 유권자와 함께한 '진·금·권, MZ세대에게 묻다' 등 화제성 면에서 선후포럼 대담 영상은 계속 좋은 반응을 얻고 있다.

1. 한 사람의 결정으로 좌지우지되는 국가정책

사실 대장동 의혹보다 더 위험한 것은 국가정책에 관한 여당 이재명 후보의 행태다. 온 국민이 보는 앞에서 며칠 동안 그토록 민망하고 강경하게 대한민국의 기재부장관인 홍남기 부총리를 겁박하며, 여차하면 기재부를 감사하겠다고까지 공격하던 이재명 후보는 갑작스럽게 전 국민 재난지원금을 철회하겠다며 물러섰다. 70% 넘는 국민이 반대한다는 여론조사 결과에도 아랑곳하지 않고 '이재명은 합니다'라며 신나게 깃발을 날리던 그였다.

그동안 민주당 이재명 선대위는 정말 안하무인, 방약무인 그 자체였다. 차마 눈뜨고 볼 수가 없었다. 아무리 여당 대통령 후보로서 곧 대통령이 될 자신이 있어도 그렇지, 아니 실제로 나중에 대통령이 되어도 그렇지, 한 나라의 부총리에게 이렇게 무지막지한 태도를 가진다는 것이 민주사회에서 가당한 일인가?

이재명 후보의 정부 관료를 대하는 태도 하나만 보아도 모든 것을 짐작할 수 있을 것만 같다. 후에 이재명 정부의 가는 길이 확연하게 보이는 것 같다.

그들은 줄곧 정부를 겁박하였다. 그러다가 예산은 남아돈다며 왜 엄살을 부리냐던 나라 곳간 상황에 대한 강변을 갑자기 철회한 것이다. 남아도는 예산을 왜 아끼냐며 홍남기 부총리를 윽박지르던 모습도 갑자기 사라졌다. 그와 함께 당대표부터 민주당 선대위원들이 총동원되어 의기양양하던 모습이 갑자기 사라졌다.

이어서 그들은 누구도 하지 않은 셀프용서와 함께 갑자기 미래로 가는 세력을 자임하기 시작했다. 그 급변한 태도 변화를 어떻게 이해해야 하는가? 대통령 이재명이 한다고 하면 무조건 하는 것이고, 갑자기 안 하겠다고 하면 즉각 하지 않는다는 것인가?

필자는 다른 어떤 것보다도 이 문제를 중시하고 싶다. 정책을 보는 관점과 그 추진 과정에 대한 성찰이 특히 필요한 시점이다. 현대 국가에서 민주국가와 독재국가의 구분은 그 체제 자체보다는 정치지도자의 자질과 인성에 크게 좌우되는 법이다. 앞으로 혹시라도 있을 이재명 정부는 모든 정책 추진을 대통령 한마디로 결정지우며 그의 지시 한방에 좌지우지될 것이 분명하다. 그러다가 대통령이 마음이 바뀌거나 상황이 불리해지면 언제든 급취소될 것이다. 아무리 내각이 나서서 결론을 내고 국회에서 다수결로 의결해도 대통령이 결심하면 그렇게 하는 것으로 갈 것이다. 정치쑈 한 번 멋지게 해치우고 바꿀 것이다. 필요하면 국민의 이름으로 셀프용서도 무한대로 할 것이다. 국가 백년대계의 정책은 오직 한 사람의 결심으로 좌지우지될 것이다. 누구라도 이에 거스르면 바로 아웃되는 상황이 무한대로 벌어질 것이다. 지난 이재명 시장 그리고 도지사 시절에 보여 준 막무가내 무소불위의 정책 추진 형태가 그것을 웅변으로 증명해 주었다.

이재명학 공부 열풍

또 위험한 것이 더 있다. 송영길 대표의 제안으로 시작된 이재명학 공부 열풍이다. 이것도 갑작스럽게 불기 시작한 것인데, 지금 '이재명의 민주당'에는 이재명 공부 열풍이 드세다. 각각이 헌법기관이라는 의원들은 이재명 생가 방문과 저서 읽기, 독후감 쓰기에 열심이다. 기차 좌석에서 독서 삼매경에 빠진 송영길도 보였다. 이에 한술 더 떠서 어느 여당 의원은 심지어 "윤석열 지지자들은 1% 안팎의 기득권 계층을 제외하고 대부분 저학력 빈곤층과 고령층이다"라고까지 했다. 아마도 여당 의원들은 이렇게 후보 공부에 열중하는데 야당 의원들은 대체 뭘 하고 있는지 안쓰러워 보였나 보다.

민주당 국회의원 보좌진 등 국회 재직자들의 페이스북 익명 공간인 '여의도 옆 대나무숲'에 올라온 글을 보면, 여기에서도 이재명에 대한 비판은 끝없이 계속되고 있다. 특히 지금 소개하는 이 글의 작성자는 "그래도 우리 당이라 이런 글도 쓴다"고 말해 민주당 관계자인 것으로 추정된다.

작성자는 "지금 민주당과 민주당 선대위가 후보만 빼고 다 바꾼다며 난리인데 웃기지 마라. 문제는 후보다"라고 비판했다. 그는 "지금 튀어나오는 이 당과 선대위의 무능과 무력과 무감각들, 오만, 자아도취, 내로남불, 잘못해 놓고 사과하지 않는 의원들, 계속되는 메시지의 오류, 태어나기도 전에 끝장난 메머드 선대위의 무기력, 일상화된 줄서기와 저급하고 호들갑스러운 공보 대응은 전부 후보 때문에 드러난 당의 바닥"이라고 원색적으로 비난했다.

나아가 "역대급으로 흠 많고 말 많은 후보를 어떻게든 포장하고 방어하려다 보니 그동안 멀쩡해 보였던 의원들도 메시지가 꼬인다"며 "아전인수와 거짓말을 부끄러운 줄도 모르고 경쟁하듯 하게 된다"고 지적했다. 그러면서 "초선들이 페이스북에 잡글을 써대다가 욕을 먹고 사과하지 않고 고집을 피우다가 언론 탓을 한다"며 "그 와중에 후보는 계속해서 무감각한 실언을 하고, 그러니까 지지율이 화끈하게 떨어지는 것"이라고 비판했다. 그리고 이 후보를 향해 "이길 수 있는 길이 안 보이면 일단은 좀 겸손하기라도 하라"며 "사과한답시고 페이스북에 쓴 글도 너무 오만해서 제정신인가 싶다"고 지적했다. 그는 "우리 당 후보에게 이토록 애정이 없긴 처음인데, 그래도 우리 당이라 이런 글도 쓴다"고 했다.

송영길 당대표도 공격을 피하지 못했다. 송 대표가 "이재명 공부를 계속한다”며 이 후보 자서전《이재명은 합니다》등을 읽는 모습을 페이스북에 올린 것에 대한 비판이었다. 이 작성자는 “게다가 당대표는 후보에 대해 공부하라며 후보의 책을 읽는 모습을 페이스북에 올리고 있다. 후보가 민심을 배우고 공부해야지. 국민더러 우리 당 후보에 대해 공부하라니. 참으로 오만하고 창피한 당대표”라고 성토했다.

송영길 대표는 잇따른 말실수로 언론의 구설수에 오른 바 있다. 그는 최근 윤 후보의 부인 김건희 씨가 집에서 남편에게 반말을 쓰고 있다며, 만약 청와대로 가면 부인이 좌지우지할 것이라고 비판했다가 언론의 뭇매를 맞았다. 지금이 어느 땐데 그런 시대착오적 발언을 하느냐고 지적받았다. 그의 이런 식의 설화는 한두 번이 아니었다.

하여간 이재명 후보의 사과 퍼레이드는 계속될 듯하다.

2. “뉴 이재명, 탕자의 귀환?”

이재명 후보에 대한 평가는 긍정적인 면보다 부정적인 면이 더 많이 부각되고 있다. 특히 언론인들의 비판은 시간이 지날수록 점점 더 심해지고 있다. 그중 가장 강경한 안티 이재명 언론인은 “뉴 이재명, 탕자의 귀환?”이라는 글에서 통렬하게 이 후보를 공격했다.

"전과 4범은 별것 아니었다. 촛불집단의 대선가도에 무고와 검사 사칭, 음주운전, 특수공무집행방해 따위는 그다지 대수롭지 않았다. 이재명의 법정 바깥 '전죄(前罪)'는 더 크고 많다. 형수 쌍욕하나만 해도 어처구니없다. 총각 행세 했다는 '무상연애 뒤끝'도 작은 흠결이 아니다. 입사시험에서는 사소한 전과 하나도 중대한 결격사유다. 정치판은 왜 이렇게 됐는가"로 포문을 열었다. 그러고는 이 후보의 과거에서 현재까지의 죄상을 하나하나 끄집어내어 비판했다. 친형 강제 입원 건은 무죄판결을 받았다. 대법관이던 화천대유 고문 권순일과의 재판거래 의혹까지 털어낸 건 아니다. 강제입원에 부인 김혜경이 조카와 통화한 것이라는 녹취 파일도 다시나돈다. 조폭, 경기 동부지역 주사파 운동권 연계설도 고만고만한 허물이 아니다. 정말이지 '이재명 대통령'은 상상하고 싶지 않은 시추에이션이다.

동시에 가장 핫한 이슈인 '대장동 비리 의혹'은 또 다른 문제다. 비리의 뚜껑이 열리자 이재명은 거칠게 반응했다. 스스로 설계한 단군 이래 최대 공익환수 모델이라며, 적반하장이라고 반격했다. 국민의힘 게이트로, 적폐세력을 엄단해야 한다고 주장했다.

대장동 수사는 사실상 실종됐다. 이재명은 특검을 외치고, '이재명의 민주당'은 특검법 상정을 뭉개고 있다. 지난번 언론에서 시끌벅적했던 이 후보의 음주운전 발언만 해도 모두를 아연실색케

하였다. "음주운전은 잘못이지만 사회활동을 막는 것은 불공정한 이중처벌이다. 힘든 하루를 마치고 소주 한잔 하고픈 유혹과 몇만 원의 대리비도 아끼고 싶은 마음을 모르는 소리다. 가난이 죄라고 느낄 수 있다."

모두가 듣는 귀를 의심케 한 발언이었다. 음주운전을 엄호한 경선캠프 대변인은 이 촌평을 끝으로 하차했다고 한다. 그러면서 "음주운전이 초보운전보다 낫다"는 관훈토론 당시의 발언 또한 그랬다. 거기 모인 쟁쟁한 중진 언론인들을 어떻게 본것인지 안하무인도 이런 안하무인이 없다.

선거유세가 시작된 이후 이재명의 언행은 실로 그 옛날 텔레비전 프로그램 '쑈쑈쑈'를 방불케 하는 것이었다. 그는 국민의 마음을 얻기 위해서라면 무슨 짓이라도 하겠다며 정말 도처에서 '무슨 짓'도 감행하고 있다. 사죄의 큰절에 눈물까지 흘리고, 욕설 등 구설수에 해명보다 진심어린 반성과 사과가 먼저여야 했다고 자세를 낮췄다. 대장동에 아무 잘못이 없다고 한 것부터가 잘못이었고, 부당이득에 대한 국민의 허탈한 마음을 읽는 데 부족했다고 했다. 실로 그 누구도 흉내 낼 수 없는 대단한 쑈 퍼레이드가 펼쳐지고 있다. 이 쑈 퍼레이드 중 하나만 봐도 소름이 끼친다.

데이트 폭력이라고?

경기 양주에서 벌어진 끔찍한 살인사건이 터졌다. 이재명은 과거 15년 전 조카의 살인사건을 변호했던 사건을 누가 시키지도 않았는데 발빠르게 사과했다. 조카가 교제하던 여성과 그 어머니를 스무 번도 넘게 잔혹하게 찔러 죽여 무기징역을 받은 해묵은 사건이었다. 이재명은 이를 데이트 폭력의 중범죄라고 변명하였다. 그 뒤 드러난, 인권변호사 이재명이 변호한 흉악범은 조폭 2명을 포함해 5명이었다. 당시 살해당한 피해자 가족은 평생 단 한마디 사과도 없다가 이제 와서 심신미약으로 인한 데이트 폭력이라고? 너무 기가 막혀 할 말이 없다고 절규하였다. 도대체 그의 심장은 어떻게 생긴 것일까?

3. 조국사태 사과드립니다

소위 '조국의 강'이라고 말할 정도로 여당 후보로서는 접근하기 어려운 주제인데, 여기서도 이재명 후보는 다른 문제와 마찬가지로 너무도 쉽게 태도를 바꾸었다. 당연히 이 발언은 많은 파장을 불러일으켰으며, 앞으로도 그의 입장 변화에 대한 중요한 사례로 거론될 것이다. 조국의 강조차도 그때그때 필요에 의해 가볍게 건너고 마는 그를 바라보면서 등골이 오싹해졌음을 고백하지 않을 수 없다. 이 문제는 간단치 않은 문제이기에 좀 더 자세히 살펴보기로 한다.

이재명 후보는 12월 2일 서울 양천구 한국방송회관에서 열린 방송기자클럽 토론회에 참석해 "조국사태가 민주당이 국민들로부터 외면받고 비판받는 문제의 근원 중 하나"라며 "제가 할 수 있는 범위에 대해선 아주 낮은 자세로 진지하게 사과드린다"고 말했다. 이어 "작은 하자인데 너무 억울하다, 지나치다, 왜 우리만 비난하냐는 태도가 국민이 민주당을 질책하는 주요 원인이 된 것 같다"며 "흔히 내로남불이라는 것"이라고 강조했다. 이 후보는 "잘못이 있는 것에 대해선 당연히 지위가 높고 책임이 클수록 비판의 강도도 높을 수밖에 없는 것을 우리가 인정해야 한다"며 "민주당이 국민께 공정성에 대한 기대를 훼손하고 실망을 끼쳐 드리게 해 아프게 한 점은 변명의 여지가 없는 잘못"이라고 너무도 쉽게 말했다.

세상은 깜짝 놀랐고 언론은 충격으로 받아들였다. 이에 대한 여론은 양쪽 진영 모두로부터 강한 비판을 받았다. 특히 그동안 같은 동지였던 진보진영으로서 '조국사태'에 대해 신랄하게 민주당을 비판했고, 이 문제를 기점으로 진보진영과 일정부분 거리를 두게 된 진중권 전 교수는 페이스북을 통해 이 후보의 사과를 두고

"평가한다"면서도 "더 구체적이어야 한다"고 하였다. 그는 조국 전 법무부장관의 부인 정경심 전 동양대 교수가 사모펀드 및 입시 비리 관련 혐의로 2심에서 징역 4년을 선고받은 점을 거론하며 "결코 '작은 흠'이 아니다. 법원에서는 죄질이 나쁘다고 판시했다"고 설명했다.

진 전 교수는 "민주당은 허위와 공작으로 사실을 호도하려 했다. 범죄를 옹호한 것도 문제지만, 그 짓을 하기 위해 국민을 기만하고 '진실을 말하는 이들에게 고통을 준 것'은 용서할 수 없는 일"이라며 "이 부분에 대한 명확한 사죄와 반성이 있어야 한다"고 지적했다.

그리고 CBS라디오 '한판승부'에서 최지은 이재명 선대위 대변인이 "이재명은 이미 조국의 강을 건넜다. 더 이상 건널 강이 없다"고 주장하자 진 전 교수는 "민주당에서는 계속 거짓말, 허위사실을 통해 국민들을 기만해 왔다. 그 부분에 대해서 사과를 해야 한다"고 비판했고, "조국사태는 사법 시스템 자체를 갖다가 망가뜨렸다. 이런 상황에 대한 책임지는 발언들을 분명히 해야 한다"며 "우리가 국민들을 기만했습니다, 잘못했습니다. 다시는 그러지 않겠습니다, 그(조국)를 옹호하기 위해서 우리가 사법 시스템을 자의적으로 망가뜨렸습니다, 다시는 그런 일 없겠습니다, 이렇게 사과를 해야 한다"고 말했다.

'지연된 정의는 정의가 아니다'

진중권과 마찬가지로 '조국사태'와 관련해 민주당 내에서 쓴소리를 계속하다가 결국 탈당까지 하게 된 금태섭 전 의원은 이날 페이스북에 "이것을 '늦었지만 다행'이라고 평가해야 할까, 아니면 '지연된 정의는 정의가 아니다'라고 얘기해야 할까"라고 착잡한 심경을 표현했다. 금 전 의원은 "만약 이재명 후보가 단순히 말뿐이 아니라 '조국사태'로 무너져 내린 시스템과 관행을 복원하려는 움직임까지 보인다면 진심이라고 평가해야 할 것"이라며 "반면에 말만 이렇게 할 뿐 행동이 따르지 않는다면 선거를 앞두고 하는 의례에 지나지 않을 것"이라고 덧붙였다.

그리고 "구체적으로 얘기하자면 조국, 정경심이 기소된 후에 별안간 도입된 공소장 비공개, 언론통제 조치 등을 취소하는지가 관전 포인트가 될 것"이라며 "실세 법무부장관의 비리 의혹을 추적 보도했다는 이유로 '기레기' 소리를 들은 언론인들과 정당한 수사 이후에 좌천되거나 이례적인 감찰을 당한 검사들에 대한 사과도 필요하다"고 주장했다.

또 "온갖 기괴한 논리로 조국 전 장관의 비리를 옹호하고서도 한 번도 반성하지 않은 여권 주변 인사들로 하여금 국민들 앞에 사과하고 책임지게 하는지도 지켜봐야 한다. 그런 조치가 없다면 이런 발언은, 조국사태 때 강경 발언으로 지지자 결집 효과를 다

거둔 다음에 이제 중도 표심이 필요한 선거를 앞두고 교언영색하는 것 이상이 될 수 없다"고 지적했다. 그러면서 "개인적으로는 '조국 수호'에 앞장섰다가 지금 이재명 캠프에서 활약하고 있는 김남국, 김용민 의원의 견해를 듣고 싶다"며 "그분들도 반성하거나, 혹은 그렇지 않더라도 이재명 후보가 그분들을 설득하려는 모습이라도 보인다면 진심이라고 믿을 수 있다"고 밝혔다.

이재명에 '뿔난' 추미애 "조국 사과는 인간의 존엄 짓밟아"

조국사태의 주역 중의 한 사람인 추미애 전 법무부장관은 가장 독하게 반응하였다. 이재명 민주당 후보가 조국 전 법무부장관 사태와 관련, "제가 할 수 있는 범위 내에서 아주 낮은 자세로 진지하게 사과드린다"고 고개를 숙인 것을 두고 그는 "여론을 좇아 조국 전 법무부장관에 대해 사과를 반복했다"며 "대통령 후보의 사과를 이용해 다시 '조국은 불공정하다'로 한번 더 낙인 찍게 됐다"고 날카롭게 대립각을 세웠다. 그러면서 "조 전 장관과 사과를 입에 올리는 것은 두 부류"라며 "한쪽은 개혁을 거부하는 반개혁세력이고 다른 한쪽은 반개혁세력의 위세에 눌려 겁을 먹는 쪽"이라면서 이렇게 주장했다. "조국사태는 '검찰의 난'이었고, 정치검찰 '윤석열의 난'이었다. 표창장 위조 혐의로 징역 4년이라는 희귀한 중형을 선고했는데, 수십억 원 국가보조금을 횡령한 윤석열 장모

3년형과 비교할 때 도저히 '공정'한 형량이라 할 수 없을 것"이라고 윤석열 국민의힘 대선 후보까지 정조준했다. 또한 "개혁이 기득권 유지와 확장에 걸림돌이라고 여기는 세력들이 조국을 통해 겁을 주는 것"이라면서 "누구든 함부로 개혁을 하고자 하면 조국처럼 만신창이로 만들겠다고 본보기 삼은 것"이라고도 했다.

아울러 추 전 장관은 "조국과 그 가족에 가한 서슴없는 공포는 언급하지 않고 사과를 말한다. 참 무섭다. 윤석열 검찰은 '살아 있는 권력 수사'라는 명분으로 스스로를 영웅화시켰다. 그러나 그 뒤에 가려져 있는 가혹한 수사와 기소권 남용, 무리한 공소장 변경 등 검찰이 저지른 인권침해에 대해 비판도 없고 침묵한다"면서 "악을 구분하고 악을 다스릴 능력을 보여 주는 것은 자신의 권력을 갖기 위해서가 아니라 국민 개개인의 삶을 지키고 인간의 존엄을 지키기 위함이다. 조국에 대한 사과는 인간 존엄을 짓밟는 것"이라고도 했다.

또한 "지도자가 옳고 그름에 대해 '예, 아니오'를 분명하게 가르마 타지 않고, 본질이 무엇인지에 대해 정확하게 짚어주지 않고 애매하게 흐리면 국민이 희망을 갖지 못한다"면서 "그것으로 중도층 마음을 얻을 수 있는 것도 아니다. 오히려 반대다. 무기력한 국민이 의지를 거두고 지지를 거둘 것"이라고 날을 세웠다.

계속해서 "기득권 세력은 그들이 차지한 막대한 불로소득과 특권이익은 가리고 조국 자녀 입시를 불공정으로 내세워 서민과 청년들의 불만을 돌리고 있다"며 "결국 조국은 개혁을 거부하는 세력이 시시때때로 불러내 이용하고 있는 것이다. 그럴 때마다 물러설 것이 아니라 불공정의 원인이 무엇인지 조국사태의 본질이 무엇인지 말해야 한다"고 간접적으로 이재명 후보를 비판하였다.

윤석열 후보는 조국사태에 대해서 이재명뿐만 아니라 문재인 대통령까지 사과해야 한다며 집권세력을 싸잡아 비판했다. 윤 후보는 SNS를 통해 "어제 이 후보가 조국사태에 대해 사과했다. 조국사태가 어디 이 후보가 혼자 사과하고 넘어갈 일인가"라며, "조국사태는 이 후보뿐만 아니라 문 대통령을 포함한 현 집권세력 모두가 국민 앞에 사죄해야 할 일"이라고 지적했다. 그리고 "2019년 가을 우리 사회는 광화문과 서초동으로 분열됐다. 온 나라가 몸살을 앓았고 당시 많은 국민이 분노했다. 상식과 비상식이 뒤바뀌고, 불공정 앞에 공정이 맥없이 쓰러지는 것을 보면서 청와대를 향해 외쳤다. 제발 공정과 상식의 관점에서 장관 임명을 철회해달라고"라고 언급했다.

이른바 '조국사태'로 대한민국이 둘로 쪼개졌던 지난해 서울 서초동에서는 조국 수호와 검찰개혁을 주장하는 집회가, 광화문에선 이에 반대하는 집회가 각각 열렸다. 윤 후보는 "하지만 대통령은 묵묵

부담이었다. 정권은 오히려 공권력을 사유화하고, 검찰 죽이기를 강행하면서 끝내 국민의 기대를 저버렸다. 지금 그 상처가 얼마나 깊은가"라고 꼬집었다. 그러면서 "대선이 채 100일도 남지 않은 지금, 여당 대선 후보의 무미건조한 사과 한마디가 뜻하는 것은 분명하다"며 "표를 얻기 위해서라면 일시적으로 고개를 숙여줄 수도 있다는 것이다. 차라리 안 하니만 못한 사과"라고 했다.

윤 후보는 "잘못을 인정한다면 마땅히 책임 있는 당사자가 고개 숙여 사과해야 한다"면서 "이 후보에게 묻는다. 진정으로 조국사태에 민주당 대선 후보로서 책임을 통감하고 있습니까. 당시 정권과 민주당의 행태가 잘못됐다고 생각합니까"라고 물었다. "그렇다면 문 대통령이 지금이라도 국민 앞에 사죄하도록 대통령을 설득하시라"며 "민주당 전체가 엎드려 용서를 구하도록 하시라. 그 정도의 용기를 보이지 않는 한, 이 후보의 사과는 사과가 아니다"라고 역설했다.

4. "출신이 비천하면 형수한테 쌍욕을 하나"

이재명 민주당 대선 후보의 사과는 다시 그 방향을 바꿔 출신 문제로 비화되었다. 아무래도 자신의 주변에 대해 너무 비난이 잦기 때문에 한번 정리할 필요가 있다고 느낀 것 같다. 그는 느닷없이 자신의 비천한 출신을 문제 삼았다.

"제가 출신이 비천해 주변에서 더러운 게 많이 나온다"며 자기 가족을 둘러싼 각종 논란에 대해 해명했다. "아버지는 시장 화장실 청소부, 어머니는 화장실을 지키며 10원, 20원에 휴지를 팔았다"면서 "큰형님은 탄광에서 일을 하다가 추락사고를 당해 왼쪽 다리를 잘랐고 이번에 오른쪽 발목까지 잘랐다고 며칠 전 연락이 왔다"고 했다. 그는 "하도 가족을 가지고 말이 많으니 우리 가족들 이야기 한번 하겠다"며 "저는 정말 열심히 살았다. 나쁜 짓 하지 않았고 최선을 다해 주어진 일은 공직자로서 할 수 있는 최대치를 했다"고 말했다. 그리고 전북 군산 방문 현장에서 "진흙 속에서도 꽃은 핀다"면서 "제 출신이 비천한 건 제 잘못이 아니니까 저를 탓하지 말아 달라"고 했다.

이에 대해 여당 측에서는 "어려운 시절을 함께 보냈을 가족에 대해 온갖 거친 말이 오갈 때 인간 이재명은 얼마나 가슴이 찢어졌을까 생각이 든다"며 "그럼에도 공과 사를 철저히 구분해 가며 살아온 그에게 박수를 보내고 싶다"고 했다.

하지만 야당 측에서는 신랄한 비판이 쏟아졌다. "비천한 집안이라서 주변에 뒤지면 더러운 게 많이 나온다는 말은 국민 모독"이라며 "가난하게 크면 모두 이 후보처럼 사는 줄 아는가. 두 번 다시 이런 궤변은 하지 말라"고 했다. "이 후보는 과거 행실에 대해 '출신 탓'을 하고 있다"면서 "우리가 태어나고 자란 시대는 거의 대부분의 국민들이 배고프고 서럽게 살아왔다. 당시 우리 국민들 중 보릿고개 넘기며 봄철에 쑥뿌리 캐먹으며 살지 않은 사람은 그리 많지 않다. 비천한 집안에 태어났다고 해서 뒤지면 더러운 게 많이 나오는 것이 아니다. 비천했어도 바르고 올곧게 살며 존경받는 국민들을 모욕하지 마라. 우리는 비천하게 살았어도 형과 형수에게 쌍욕을 하지 않는다. 그리고 인권변호사 운운하며 조폭 및 살인자들을 변호하고 떳떳하다 우겨대지 않는다"고 강한 비판을 제기했다.

더 나아가 "출생의 귀천으로 사람이 가려지는 세상이라면 그건 조선시대 이야기"라면서도 "대통령은 지금 그 사람의 처신과 행적, 그리고 나라와 국민을 향한 열정으로 지지 여부를 결정해야 한다"고 비판하며, "이재명 후보가 과연 그동안의 품행, 행적, 태도 등이 대통령으로서 자격이 있는지 여부를 따지는 것이 올바른 비판이다. 대통령선거가 정책은 실종되고 감성과 쇼만으로 가고 있는 것은 대한민국의 불행"이라고 말했다.

홍준표 의원은 청년과의 소통 플랫폼 '청년의꿈'의 '청문홍답(청년의 고민에 홍준표가 답하다)' 코너에서 한 질문자가 '이재명 감성팔이에 대해 어떻게 생각하느냐'는 제목의 글을 통해 "비천한 가문 출신이라 어쩔 수 없이 그렇다고, 하지만 자기는 깨끗하다고… 형수한 테 욕설한 것이 어떻게 깨끗한 것인가요?"라고 묻자, "놀고 있네"라고 답을 달았다. 그러면서 민주당에서 플랜B로 "이낙연 후보가 새 후보가 될 수도 있다는 지라시가 돌고 있다"고 하자, 홍 의원은 "그게 가능할까요?"라고 답했다.

5. 이재명 후보의 국제감각 혹은 역사인식

미국 방한단과의 대화

외부 인터뷰가 잦아질수록 민주당 이재명 후보의 국제감각 혹은 역사인식이 확실하게 드러났다. 그는 미국 방한단(존 오소프 미국 상원의원 일행)을 만난 자리에서 기막힌 발언으로 세상을 다시 한 번 놀라게 했다.

그는 미 방한단 면전에서 느닷없이 가쓰라·태프트 협정을 거론했다. 이보다 앞서 그는 "친일 세력들이 미(美) 점령군과 합작, 지배체제를 그대로 유지했지 않느냐. 나라가 깨끗하게 출발하지 못했다"라고 말해 역사관 논란을 촉발한 바 있었다. 평소 역사인식 문제로 물의를 일으켜 온 김원웅 광복회장의 "미군은 점령군, 소련군은 해방군"이라는 발언과 맞물렸는데, 이재명 후보의 발언을 자세히 들여다볼 필요가 있다.

그는 서울 여의도 민주당사에서 미국 존 오소프(조지아주) 상원의원과 만난 자리에서 "한국은 미국의 지원과 협력 때문에 전쟁을 이겨서 체제를 유지했고 경제 선진국으로 인정받는 성과를 얻었다"고 서두를 꺼냈다. "그런데 거대한 성과의 이면에 작은 그늘들이 있을 수 있다"면서 논란의 발언이 이어졌다.

"일본에 한국이 합병된 이유는 미국이 가쓰라·태프트 협정을 통해 승리했기 때문이고, 결국 나중에는 분단이 된 게 일본이 분단된 게 아니라 한반도가 분단돼서 전쟁의 원인이 된 것은 사실 전혀 부인할 수 없는 객관적인 사실이 있는 것이죠"라면서 "제가 이 이야기를 하는 이유는, 미국 상원의원이 이런 문제까지 인지하고 계신다고 들어서 정말 대단하다는 생각으로 말씀을 드리는 것"이라고 덧붙였다.

그러나 존 오소프 의원은 오히려 '한미동맹'을 언급했다. "어제 전쟁기념관에 헌화했는데, 다시 한 번 양국 동맹의 중요성과 영속성을 깨달았다"면서 "한국 국민에 대해 감사의 말씀을 드린다"고 말했다.

이에 대해 국민의힘은 심각한 우려를 표명했다. 그 핵심 근거로 문제의 북한 교과서 《조선통사》(북한사회과학원, 1958년판) 1987년 판본 발췌본을 보면 현 집권 여당 대선 후보의 '가쓰라·태프트' 발언

등을 종합해 볼 때, 야당에서 제기한 "북한 교과서와 판박이"라는 지적이 일리가 있는 부분이다. 국민의힘 정경희 의원은 '북한 조선통사 1958년판' 내용이 담긴 기사 '미국 점령군… 북한 교과서 표현을 그대로 옮기는 민주당 대권주자의 놀라운 역사인식'를 알린 바 있다. 핵심은 《조선통사》 1987년 판본 발췌본을 입수, '가쓰라·태프트 협정'에 관한 북한의 주장을 확인했다.

북한 교과서는 일관되게 "미국 제국주의, 조선에 대한 일제의 '보호국'화를 허용했다"라는 것으로, "일제의 조선 강점 정책을 방조한 미제와 국내 매국 역도들의 죄악", "미제국주의는 다른 열강보다 중국 영토 약탈 경쟁에 한 걸음 뒤떨어져 참여했으나, 장차 본격 침략을 위한 원대한 계획과 실질적인 이권 추구에 있어서는 결코 소홀히 하지 않았다. 1905년 6월 미국의 주선에 의해 포스마스(포츠머스) 강화 회의가 열리던 전후 시기에 이미 미국의 계획에 의해 조선의 운명은 결정되었으며 그 계획을 위해 일본과의 사이에는 일체 필요한 거래가 성립됐다"는 내용이었다.

허은아 국민의힘 수석대변인은 곧장 이날 논평을 통해 "이번 방한은 한미 양국 관계가 중요하고 핵심적이란 확신을 반영한 것이라고 말한 미국 상원 대표단의 방문 목적에 찬물을 끼얹는 심각한 외교적 결례"라면서 "집권 여당 대선 후보가 처음 만나는 혈맹국의원에게조차 '네 탓'을 말한 것은 미처 상상할 수 없었다"라고 지적했다.

이어 "반미(反美) 감정을 미국 상원 대표단에게 설교하듯 스스럼없이 드러내는 태도 역시 경악하지 않을 수 없다"라며 "이재명 후보가 만약 당선된다면, 외교 관계를 더욱 악화시키고 무엇보다 흔들리고 있는 한미동맹에 심각한 균열을 일으킬 것으로 예상 가능하다"라는 우려를 내비치기도 했다.

양준우 국민의힘 대변인 역시 이날 "지난 7월엔 미군을 '점령군'으로 표현하며 불필요한 논란을 만들기도 하지 않았는가. 의도된 도발이라면 왜 이재명 후보의 결례는 유독 미국에만 선택적으로 발생하는지, 도대체 외교적 상식이 있는지 의문"이라고 쏘아붙였다.

6. 이재명표 예산처리, 입법 드라이브 시동

민주당은 2022년도 예산안을 처리한 후 소위 '이재명표' 법안들을 전격적으로 처리할 예정으로 있다. 그 법안들은 '부동산개발이익환수법', '국회의원 면책특권 개선', '전두환추징법', '농지투기방지법' 등 이재명표 입법 추진을 논의하기 위한 정책 의원총회를 개최한다.

신현영 민주당 원내대변인은 "전두환재산추징법이나 개발이익 환수법 등 이재명 후보가 말한 법안에 대해 조금 더 강력하게 당에서 챙길 것"이라고 예고했다. 이 후보 역시 당 소속 국회 상임위원장 및 간사단과 개최한 민생·개혁 입법 추진 간담회에서 필요한 법안은 안건조정위원회나 패스트트랙(신속처리안건) 제도를 활용해서라도 강행 처리하겠다는 의지를 밝혔다.

특히 이 후보가 대장동 개발 특혜 의혹과 관련 강력하게 처리를 요청한 이른바 '대장동방지법'(개발이익환수 3법) 중 도시개발법과 주택법 개정안은 국회 국토교통위원회에서 상임위 문턱을 넘을 것으로 보인다. 상정된 도시개발법은 공공이 출자한 사업에 민간이 참여하면 민간사업자의 과도한 이윤을 총사업비의 10% 이내로 제한하도록 했으며, 주택법 개정안은 민관 공동사업에 분양가상한제를 의무화하는 내용을 담고 있다. 다만 토지개발이익 부담금 부담률을 현행 20~25%에서 40~50%로 상향하는 내용을 담은 개발이익환수법 개정안을 두고선 여야의 견해차가 큰 상황이라 이날 전체회의에선 제외됐다.

이 후보가 공약한 공공부문 노동이사제 도입을 위한 공공기관 운영에 관한 법률 개정안 처리도 속도가 붙을 전망이다. 이 후보는 "공공부문 노동이사제를 선대위 최우선 과제로 삼아 처리해 달라"

고 요구했고, 패스트트랙을 써서라도 입법 처리해야 한다고 밝히기도 했다. 신 원내대변인은 이에 대해 "우선 상임위별 정리를 시작하고 어떤 방식이 가장 현명할지 고민할 것"이라며 "후보께서 요청한 부분에 대해 가능하면서도 빠르게 처리할 수 있는 방식이 무엇인지 추가로 검토할 예정"이라고 예고했다.

패스트트랙으로 예산과 법안 돌파 지시

이재명은 민주당 의원연석회의에서 의원들을 향해 너무 게으르다고 일일이 지적하며 "야당이 발목을 잡으면 뚫고 가야 한다. 패스트트랙 태울 때 한꺼번에 많이 그냥 태워 버리자." 어느 모임에서는 "합의된 룰을 일부 어길 수도 있는 것"이라고 했다. 이재명 정책을 비판한 교수는 징계를 당했고, 그렇게 민주당원 게시판도 모두 폐쇄됐다.

그 모든 논란에도 불구하고 하이라이트는 그의 호남 발언일 듯하다. "국민들이 괜히 다수 의석을 준 게 아니다. 야당이 발목 잡으면 그 손을 차고 앞으로 가겠다." "호남 없으면 민주당이 없고 대한민국 민주주의와 개혁이 쉽지 않다." '남편 재임 중 고통받고 상처 입은 분들에게 사과드린다'는 이순자의 인사에는 "법을 고쳐서라도 추징금을 환수하고 독재세력을 처벌하겠다"고 받아쳤다.

꼭 당선돼 윤석열을 박살내라는 지지자의 주문에 그는 "그럴 필요 없다. 당선이 복수다. 할 일이 산더미 같아 복수할 시간이 없다"고 화답했다. 그러고는 역사왜곡처벌법을 만들어 5·18과 독립운동을 비방하고 친일을 찬양하는 행위를 단죄하겠다고 했다.

'종부세 폭탄' 원성이 높아지자 그들은 "상위 2%를 정밀 폭격하는 것이라 98%는 영향을 받지 않는다"고 했다. 저항이 커지자 이것도 국민 동의를 받겠다며 한발 뺐다. 이런 식이면 선거날까지 남는 공약이 있을 것 같지 않다. 이는 그야말로 선거 끝나거든 보자는 뜻일까?

7. "박근혜 대통령을 진짜 존경하는 줄 알더라"

민주당 이재명 후보가 자신이 박근혜 전 대통령을 향해 '존경한다'고 한 것과 관련해 "존경하는 박근혜 대통령이라고 했더니 진짜 존경하는 줄 알더라." 이 후보는 이날 서울대 금융경제세미나 초청 강연회에서 "경제는 과학이 아니다"라는 자신의 발언을 한 학생이 지적하자 "말이라는 것은 맥락이 있는데 맥락을 무시한 것이 진짜 문제"라며 이같이 말했다.

앞서 이 후보는 전북 전주에서 청년들과 소맥 회동을 하면서 박 전 대통령에게 존경한다는 표현을 쓴 바 있다. 한 청년이 "이재명이라는 이름을 연호하는 걸 청년들에게 원하는 것이냐"고 질문하자, 이 후보는 "정치인들은 지지를 먹고 산다. 소심하고 위축되고 이럴 때 누가 막 (응원)해 주면 자신감이 생기고 주름이 쫙 펴진다"고 했다. 그러면서 "우리 '존경하는' 박근혜 전 대통령께서 대통령 하시다가 힘들 때 서문시장을 갔다는 거 아닌가"라며 예를 들어 설명했다. 일각에서는 이 후보가 중도 보수표를 의식해 이같은 말을 한 것 아니냐는 분석이 나오기도 했다.

그리고 다음 날 서울대학교 금융경제세미나 초청 강연회에서 "존경하는 박근혜 대통령이라고 했더니 진짜 존경하는 줄 알더라"라고 말했던 것이다. 그는 야당으로부터 '갈지(之)자 행보와 공약 번복'이라는 비판을 받은 국토보유세와 재난지원금 정책에 대해서도 언급했다. "국토보유세 자체를 안 하겠다는 게 아니다"면서도 "좋은 일이라도 본인이 고통스러워서 싫다는 것을 대리인 입장에서 강행하면 안 된다"고 했다. 그러면서 "저는 설득할 자신이 있다"고 덧붙였다.

재난지원금에 대해서도 "정책 자체를 포기한 게 아니라 이번 본예산에 넣는 것을 양보한 것"이라고 했다. 이 후보는 대선 후보로 확정된 뒤 전 국민 재난지원금 추가 지급을 추진하려 했으나 반대 여론 속에 "고집하지 않겠다"고 했다.

그 후 이 발언이 많은 파장을 몰고 왔는데, 언론에서는 다양한 패러디를 양산하고 있다. 그것은 이 후보가 누군가의 호칭 앞에 '존경하는'을 붙인 것은 모두 거짓 아니냐는 취지의 패러디들이다. 온라인에서도 온갖 패러디가 쏟아졌다. 상대적으로 여당 지지층이 많이 이용하는 포털사이트 다음에서조차 해당 발언은 비판의 대상이 됐다. 발언을 가장 일찍 전한 뉴시스, 뉴스1 등 통신사 기사에 다음에서만 댓글 1만 개 안팎이 달렸는데, 추천 댓글 대부분이 이 후보 발언에 대한 비판이었다.

이 가운데 "이재명 '존경하는 문재인 님 했더니 진짜 존경하는 줄 알더라' 당신은 이렇게도 말바꾸기 할 사람"이란 댓글에 5천여 명이 추천을 눌렀다. "대통령 되면 서민을 섬기겠다고 했더니 진짜 섬기겠다는 줄 알더라" 이러고도 남을…", "존경하는 호남 여러분 했더니 진짜 호남을 좋아하는 줄 알더라", "문재인과 원팀이라고 했더니 진짠 줄 알더라 ㅋㅋㅋ, 부동산 잡겠다고 했더니 진짠 줄 알더라 ㅋㅋㅋ", "기본소득 하겠다고 하니까 진짜 하는 줄 알더라, 문 정부 정책을 좀 비판했더니 진짜 비판하는 줄 알더라, 내가 비천한 집안 출신이라고 했더니 진짜 비천한 집안인 줄 알더라" 등도 추천 상위권에 올랐다.

이어서 야당이 패러디 릴레이에 뛰어들었다. 이양수 국민의힘 수석대변인은 "(그런 발언이) 이 후보의 진짜 모습"이라고 했다. 이

대변인은 "이재명 후보의 진짜 모습은 다음과 같다"며 '문재인 존중한다 했더니 진짜 존중하는 줄 알더라', '특검하자 했더니 진짜 특검하는 줄 알더라', '조국 사과한다 했더니 진짜 사과한 줄 알더라', '국토세 철회한다 했더니 진짜 철회한 줄 알더라', '검사 사칭했더니 진짜 검사일 줄 알더라', '깨끗하게 살았다 했더니 진짜 깨끗하게 산 줄 알더라', '이재명은 합니다 했더니 진짜 하는 줄 알더라'라는 패러디 글을 줄줄이 이어붙였다. 이어 "이재명 후보 말씀이다. 이름은 진짜 맞나?"라고 했다.

사기꾼의 이중언어?

원희룡 전 후보는 "李, 박근혜 존경한단 건지 만단 건지, 사기꾼의 이중언어"라며, "국가 리더의 언어는 이중언어를 쓰면 안 된다"고 말했다. 그는 이 후보가 내세운 기조와 관련 "크게 두 가지 문제가 있다. 하나는 그동안 뭐하고 이제 와서 차별화하나 하는 변심이고, 또 하나는 이중언어를 쓰는 것"이라며 이같이 말했다. 이 후보는 부동산, 재난지원금, 탈원전 등 현 정책에 대한 비판 행보를 이어가며 '이재명 정부로 바뀌어도 정권 교체와 다르지 않다'는 기조를 내세우고 있다. 원희룡은 "(이 후보가) '그게 아니라 세상의 모든 게 진리, 절대적인 진리는 없다는 뜻'이라고 답했다"며 "이렇게 이중언어를 쓰고 있는데, 이중언어를 쓰는 건 사기꾼이지 대통령이 아니다"라고 말했다.

그러면서 "변신할 때는 그 근거에 대해서 국민들에게 진정한 반성과 해명을 해야 된다"며 "해명 없는 변신, 그리고 사기꾼 같은 이중언어로 말장난으로 토론에서 이겨 보겠다니, 우리 국민은 그런 수준이 아니다"라고 덧붙였다.

8. 정치평론가 진중권의 재명학—이재명론

언제든지 문재인 대통령을 제물로 넘길 수도 있는 인물

그는 서울 마포구의 한 스튜디오에서 열린 안철수—진중권 '선을 넘다_대한민국 혁신 논쟁' 북콘서트에서 민주당 이재명 대선 후보를 겨냥해 "자기에게 필요하다면 언제든지 문재인 대통령을 제물로 넘길 수도 있는 인물"이라고 주장했다. 반면 윤석열 국민의힘 후보에 대해서는 정치 보복을 하지 않을 것이라는 취지의 평가를 남겼다.

진 전 교수는 우선 윤 후보를 향해 "윤석열이 대통령이 되면 문재인을 칠 것이다? 저는 그렇게 보지 않는다"라며 "윤석열은 김대중 대통령을 언급하며 화해와 용서의 정신을 강조했다. 보수 쪽에선 실망하겠지만, 그는 그 말을 지킬 것"이라고 내다봤다. 윤 후보는 전날 김대중 대통령 노벨평화상 수상 21주년 기념식에 참석해 "DJ는 정치보복을 안 했다"는 취지의 발언을 했다.

원칙 이성과 기회 이성

진중권은 여야 두 후보에 대한 평가에서 "윤석열의 마인드는 원칙 이성에 가깝다"며, 이를 "법을 적용하는 데 이편 저편을 가려서는 안 된다는 것으로, 저쪽에 날카로운 칼을 댔다면 이쪽에도 똑같이 날카로운 칼을 들이대야 한다는 것"을 의미한다. 아마 그것이 그를 대선 후보로 만들어 주었을 것이라고 평가했다. 다만 "원칙 이성이 강한 이들의 단점은 융통성이 부족하다"며 "이게 아집과 독단으로 흐르면 치명적 결과를 낳을 수도 있다"고 예측했다.

동시에 이재명에 대해서는 "극단적으로 발달한 기회 이성의 소유자"라며 "이것의 장점은 어떤 상황에서도 유연하게 대처할 수 있다는 것"으로 "실제로 그는 필요하다면 언제라도 입장을 180도 뒤엎을 준비가 되어 있다. 기회이성이 극도로 발달한 이들의 문제는 일관성의 부재로 신뢰를 받기 힘들다."

"전 국민 재난지원금 지급해야 한다고 했다가 여의치 않자 바로 접어 버린다. 윤석열 후보의 소상공인 배상 50조 공약을 포퓰리즘이라고 비난하더니 바로 입장을 바꿔 지금은 선거 전에 빨리 해치우자고 재촉한다. 대장동 비리가 터졌는데 외려 '상을 받을 일'이라고 전세 역전을 노리다가 상황이 여의치 않게 돌아가니 그제야 사과한다. 존경하는 박근혜 대통령이라고 했다가 비판이 나오니 '진짜 존경하는 줄 안다'고 한다. 이 모든 비일관성 속에 한 가지 일관된 원칙이 있다면 바로 이해관계. 득표에 도움이 된다면 했던 말도 뒤집고, 마음에 없는 사과도 하고, 가짜 눈물도 흘리고, 뻔한 거짓말도 할 수 있다는 게 그의 장점이자 단점"이라 평가했다.

'기본소득'을 대표 공약으로 내세우더니 경선 과정에서 집중적인 비판을 받자 '1호 공약'이 아니라고 했다. 기본소득의 재원인 국토보유세 얘기를 꺼냈다가 역시 비판을 받자, "국민들이 반대하면 추진하지 않겠다"고 말을 바꾸었다. 그러다가 왜 대표 공약을 포기했냐고 비판하면, 또 말을 바꾸어 포기한 것은 아니라고 말한다. 일관된 원칙 없이 그때그때 필요한 것은 다 갖다 쓰니, 도대체 정치적 정체성을 가늠하기 어렵다.

민주당 후보가 엉뚱하게도 분배가 아니라 '성장'을 전면에 내세운다. 부동산 정책에선 수요 억제가 아니라 공급 확대를 말하고, 탈원전을 추진해 온 정권의 후보가 원전을 말한다. 페미니즘을 표방해 온 정당의 후보가 '페미니즘의 광기를 멈추라'는 글을 공유한다. '전 국민 재난지원금 지급'해야 한다고 했다가 여의치 않자 바로 접어 버린다.

국가조찬기도회에 나가서는 "저도 분당우리교회에서 열심히 주님을 모시고 있습니다"라고 거짓말을 하고, 교회 측에서는 10년 동안 예배에 참석한 적이 없어 제적된 상태라고 밝혔다. 이렇게 금방 들통날 거짓말도 그 상황에서 유리하다고 생각되면 일단 뱉고 보는 게 그의 특징이다. 이러니 일반 시민들은 물론, 민주당 지지자들에게까지도 신뢰할 수 없는 인물로 각인되어 있다.

유시민도 이재명과 같은 과

또한 진중권은 최근 시사평론가로 복귀한 유시민 전 노무현재단 이사장에 대해 "컴백을 환영한다"면서도 "유시민도 이재명과 같은 과"라고 평가했다. 유 전 이사장은 얼마 전 MBC 라디오 '김종배의 시선집중'에 출연했다. 그는 이 후보의 전과 4범 범죄 경력 등을 두고 "서울 시내 고속도로에서 살살 달리는 페라리는 흠이 없지만 오프로드로 다니는 차들은 돌도 튀고 유리창에도 금이 가고 그런 흠이 있다"며 "원래 갖고 있는 자동차의 구조적 결함은 리콜해야 하지만 운행 과정에서 부품 문제나 겉이 깨진 건 수리하면 되고, 고쳐 나가면 된다"고 옹호했다.

1. 윤석열과 본부장(본인·부인·장모) 의혹

사람들은 윤석열 후보의 의혹을 과거 이회창 사례와 비교한다. 김대업이라는 건달의 증언 아닌 증언이 천하의 대쪽 이회창을 쓰러뜨렸다. 그것이 의미하는 바 간단한 이치였다. 아무리 사소한 비리라도 사람에 따라 그 상처의 크기가 다를 수 있기 때문이다. 당시 이회창 아들 병역 의혹은 처음에는 우습게 비춰지다가 점점 사태가 눈덩이처럼 커진 경우다. 이회창의 대쪽 같은 이미지에 치명적 손상을 입혔다.

윤석열의 '본부장(본인·부인·장모) 의혹'은 이회창 사례에 해당한다. 이재명의 대장동 이미지와는 차원이 다르다. 여권에서 마구 던지는 본부장 의혹은 국민들이 가지고 있는 윤석열의 공정과 상식이라는 이미지를 상당부분 훼손할 수 있다. 그것을 잘 알고 있는 여권의 선수들에게 초짜 윤석열이 속절없이 당하고 있는 모습이다. 여권에서 날리는 연속적인 잽에 어쩔 줄 모르고 계속 맞아온 윤 후보는 한참만에야 드디어 공세로 나섰다.

윤석열은 "여권의 공세가 기획 공세이고 아무리 부당하게 느껴진다고 하더라도 국민의 눈높이와 기대에서 봤을 때 조금이라도 미흡한 게 있다면 국민들께는 송구한 마음을 갖는 게 맞다고 생각한다"며 고개를 숙였다. 부인 김건희 씨는 "사실 관계 여부를 떠나 국민들께서 불편함과 피로감을 느낄 수 있어 사과드린다"고 하였다. 늦었지만 정확한 대응이었다.

사실상 윤석열 후보와 당 차원에서는 이제까지 본부장 의혹의 핵심인 고발사주 의혹과 관련해서 "잘 알 수 없다"며 시종일관 부정으로 일관해 왔다. 그러다가 부인 김건희 씨 도이치모터스 주가 조작연루 의혹, 허위 경력과 장모 최모 씨의 요양병원 급여 부정 수급 의혹 등에 대해 적극 해명하며 정면 돌파에 나섰다.

특히 관훈클럽 초청토론회는 윤 후보의 청문회를 방불케 했다. 전체 2시간 반 가운데 1시간 15분가량이 여권이 제기해 온 의혹과 관련한 질의응답에 할애됐다. 이 자리에서 윤 후보는 조목조목 반박하며 정면 돌파를 시도, 격앙된 감정을 숨기지 않고 목소리를 높이기도 했다. 이때 좀 더 노회한 전술로 대처했어야 했다. 좀 더 허심탄회하게 대처했어야 했다. 그야말로 평생 공무원 출신의 순진하고 어수룩한 모습을 여과 없이 보여 주는 장면이었다.

본인의 고발사주 의혹에 대해선 "도대체 이런 일이 어떻게 이뤄졌는지 알 도리가 없다"며 전면 부인했다. 고발장 전달 경로로 지목된 손 전 수사정보정책관에 대해서는 '추미애 사람'이라고 선을 그었다. 10년 전 부산저축은행 대출비리사건을 부실 수사한 것이 대장동 개발 특혜·로비 사건으로 불거진 것 아니냐는 질문에는 "부실이라 운운하는 것은 어불성설"이라며 "(혐의가 드러났다면) 대통령이 봐달라고 해도 그런 일이 절대 없었을 것"이라고 단언했다. 아울러 윤 후보는 이 자리에서 "청와대를 개혁하겠다. 청와대 규모를 축소할 생각"이라며 "장관들과 긴밀히 소통해 가면서 청와대 참모들은 대통령과 장관의 소통을 보좌하는 것으로 내각 중심으로 교체해 나가겠다"고 밝혔다.

윤 후보는 부인 김씨의 주가조작연루 의혹과 관련 일 년 반 동안 특수부를 동원해 이런 식으로 수사해서 안 나왔으면 이제는 결정을 내려 줘야 한다"며 "여권 정치인들이 고발해서 최근까지도 별건에 별건을 물어가면서 수사를 하고 있고, 시효가 지나간 것도 연장을 걸어서 전부 포괄일죄로 수사를 해나가는 것으로 안다"고 성토했다. 사건의 실마리가 된 경찰 내사 보고서 유출에 대해서도 "참 어이가 없는 일", "기가 찰 노릇"이라고 분노를 터뜨렸다.

특히 "이 정부 고위직 누군가가 지시에 의해 유출하지 않으면 어떻게 수사기관에 있는 내사 자료가 언론사로 그냥 넘어가겠나"라며 '배후'를 의심하기도 했다. 검찰이 최근 관련 의혹 일부를 시효 만료를 이유로 무혐의 처분하자 민주당 일부 의원들이 반발한 데 대해 "명백한 선거 개입"이라고 공격했다.

김씨의 허위 경력 의혹에 대해서도 적극 엄호했다. 김씨가 일부 활동과 수상 경력을 이력서에 허위로 기재했다는 YTN 보도와 관련, "부분적으로는 모르겠지만 전체적으로는 허위 경력이 아니다"고 밝혔다. 장모 관련 요양병원 불법 개설과 요양급여 부정수급 의혹에 대해선 검찰이 과잉수사를 한 것으로 본다며 "아주 이례적"이라고 비판했다. 또 "장모를 만날 때 '제발 그냥 좀 지내시고 돈을 빌려 주거나 투자 좀 하지 말라'고 신신당부했다"고 말했다.

이제 본부장 의혹에 대해 차례차례 살펴보기로 한다.

2. 고발사주 의혹

고발사주 의혹이란 누군가에 대한 고발을 사주했다는 것으로 윤석열 후보가 검찰총장으로 재직 중이던 2020년 4월에 발생한 사건을 말한다. 2020년 4월 15일에 총선이 있었고, 그 이전인 4월 3일과 4월 8일 당시 김웅 국민의힘 의원 후보에게 고발장 두 건과 관련 증거자료가 도착하였다. 보낸 이는 손준성(당시 대검 수사정보정책관)이며, 고발장 내용에는 유시민 노무현재단 이사장, 최강욱 열린민주당 대표, 언론사 기자 등을 대상으로 공직선거법 위반과 명예훼손 등 혐의로 고발하는 내용이 담겨 있었다. 고발장 내용 중 명예훼손의 피해자로 쓰여진 사람은 윤석열, 윤석열 부인, 한동훈 검사장이었다.(참고로 손준성은 윤석열 전 총장의 측근이었다고 한다.)

4월 8일 김웅 의원에게 보내진 고발장은 8월 미래통합당(현 국민의힘)의 초안, 8월 실제 접수된 고발장과 형식만 다를 뿐 내용은 동일하다고 한다. 실제 고발장과 손준성으로부터 받은 내용과 거의 동일한 것으로 보아 고발장을 누가 썼는지에 대한 의문이 가중되고 있다. 2021년 10월 1일 검찰은 손준성의 관여 사실과 정황을 확인했다고 밝혀 사건은 공수처로 넘어갔다.

인터넷매체 '뉴스버스' 최초 보도

사실 이 고발사주 의혹은 TV조선 사회부장 출신 이진동 기자가 창간한 인터넷매체 뉴스버스가 최초로 터뜨린 기사다. 윤석열 대선 예비후보의 검찰총장 재직 시절 검찰이 2020년 총선을 앞두고 당시 미래통합당(현 국민의힘) 측에 범여권 측 주요 인물들에 대한 형사고발을 사주했다는 의혹을 제기했다.

기사에 따르면 윤석열 전 총장의 최측근 손준성 검사는 같은 검사 출신인 국민의힘 김웅 당시 미래통합당 후보에게 여권 인사들의 이름이 담긴 고발장을 전달했다고 한다. 뉴스버스가 증거로 제시한 고발장에는 고발하는 사람의 이름은 비어 있고, 고발 대상에만 이름이 들어가 있다. 고발 대상란에는 최강욱, 황희석, 유시민, 뉴스타파 소속 기자들까지 총 11명의 이름이 적혀 있었고 해당 고발장 수신처는 대검찰청 공공수사부 부장으로 되어 있다.

인터넷매체 뉴스버스는 2020년 4월 3일 윤석열 당시 검찰총장의 최측근으로 지목된 손준성 대검 수사정보정책관이 당시 미래통합당 김웅 송파구 갑 국회의원 후보에게 고발장을 전달한 것을 최초로 보도했다. 뉴스버스 발행인 이진동 기자는 고발장의 명예훼손 피해자로 적시된 김건희 씨 등에 직접 확인이 필요한 내용이 고발장에 들어 있다면서 "윤 전 총장의 지시하에 이뤄졌다 볼 수 있는 정황이 있다"고 주장했다. 명예훼손의 대상으로 지목된 사건이 사실이 아니라고 한다면, 고발장 내용에 대한 윤석열 측의 확인이 필요하다는 것이다.

그밖에 피고발인의 실명이 들어간 판결문이 증거자료로 넘겨지는 등 검찰이 아니고서는 작성하기 어려운 내용이 들어간 점, 그리고 대검 수사정보정책관이 검찰총장의 복심이라는 점을 거론하기도 했다. 대검 수사정보정책관은 범죄 정보를 수집·관리하며 검찰총장에게 직보하는, 즉 검찰총장의 '눈과 귀' 구실을 하는 핵심 참모다. 손준성 검사는 당시 윤석열 총장의 신임을 받으며 그대로 유임됐기 때문에, 손 검사가 이 자리에 있으면서 야당 쪽에 고발장을 전달한 것을 두고 총장의 지시를 의심하지 않을 수 없는 상황이라는 것이다.

문제의 고발장에 기재된 내용에 따르면, 피고발인은 유시민 노무현재단 이사장, 최강욱·황희석 열린민주당 비례대표 국회의원 후보 3명, 언론사 관계자 7명, 성명 미상자 등 총 11명이며, 피해자는 윤석열 당시 검찰총장과 부인 김건희, 한동훈 검사장 등 3명이고, 적시된 혐의는 공직선거법위반과 정보통신망법위반(명예훼손)이었다. 뉴스버스의 보도에 의하면 손준성 당시 대검 수사정보정책관이 문제의 고발장을 김웅 의원에게 전달했고, 김웅은 이를 다시 당에 전달했으나, 문제의 고발장이 수사기관에 제출되지는 않았다.

윤석열 게이트?

　이에 대해 윤석열 캠프는 "윤석열 후보는 검찰총장 재직 중 누구에 대해서도 고발사주를 지시한 적이 없음을 분명히 밝힌다"면서 "뉴스버스가 고발사주 운운하며 언급한 손준성 당시 대검 수사정보정책관과 국민의힘 김웅 의원 모두 보도 내용을 부인하고 있고, 실제 고발이 이뤄진 적도 없다"며 의혹을 부인했다. 그리고 문재인 정권이 윤석열 당시 검찰총장을 겨냥해 여러 무리수를 두는 상황에서 그렇게 할 수 있었겠느냐고도 반박했다. 그러나 민주당 송영길 대표는 본 사건을 '윤석열 게이트'라 규정하고 윤석열에 대한 공세를 펼쳤다.

고발을 사주받은 인물로 지목된 국민의힘 김웅 의원은 보도가 나간 뒤 "공익제보를 당에 넘긴 것일 뿐 청부고발은 사실 무근"이라고 주장했다가, 해당 의혹이 커지자 "모르겠다"고 말을 바꾸고 모든 연락을 끊은 뒤 잠적한 바 있다. 그러나 한겨레와 뉴스버스는 각각 김웅 의원이 고발장과 관련 파일을 손 검사로 추정되는 인물로부터 받아 당시 선대위에 보냈다는 캡처 파일을 보도했다.

한겨레는 야권에 사주한 고발장의 내용 전문을 입수해 단독으로 보도했다. 보도된 고발장에는 "윤총장 부인과 장모의 의혹, 검언 유착 의혹에 전혀 그런 사실이 없다고 단언하는 내용이 있었으며, 자신의 본분을 다하는 윤 총장을 헐뜯고 비난하며 범여권의 총선 승리를 목적으로 한 계획적인 언론 플레이를 엄하게 처벌해 달라"는 내용이 들어 있다. 고발 이유에는 당시 추미애 법무부장관과 갈등을 빚던 윤석열 당시 총장의 심경을 대변해 주는 내용으로 채워져 있었다. 동시에 4월 고발장 초안과 8월 고발장 모두에서 피고발인으로 적시된 최강욱 열린민주당 대표와 황희석 열린민주당 최고위원의 생년월일(주민등록번호 앞자리)이 똑같이 잘못 기재되었다는 사실도 드러났다.

이에 대해 윤석열 후보는 예고 없이 국회 소통관 기자회견장을 찾아 격앙된 반응을 보였다. 이날 발언의 요지는 준비도 안 된 정치공작이며 출처도 없는 괴문서를 가지고 정치권이나 메이저 언론사들이 물어뜯는 것은 부적절하다는 것이었다.

그런데 이날 발언 중 "확실한 증거가 없는데 보도를 하느냐, 인터넷 매체나 제보자나 그 뒤에 숨지 말고 메이저 언론을 통해서 문제 제기를 하라"는 발언이 부적절하다는 지적이 제기됐다. 제보자의 발언만으로는 보도를 하면 안 된다거나 사실상 인터넷 매체를 무시하고 일부 메이저 언론만 선호하는 권위적 태도가 아니냐는 지적이 이어졌다. 대통령 후보로서 적절한 언론관이 아니라는 비판이 나올 수밖에 없었다. 게다가 윤석열은 불과 한 달 전인 8월에 신비주의 인터넷 논객인 조은산과 따로 만나 100분가량 같이 밥을 먹으며 누구에게나 귀를 기울인다는 제스처를 취한 적이 있다. 즉 정치인으로서의 행보와 모순되는 발언을 한 것으로 비판받았다.

이에 대해 민주당에서는 논평을 내고 "언론 보도의 사실 관계보다 언론 매체의 크기가 신뢰의 기준이 된다는 윤 전 총장의 천박한 언론관에 경악을 금할 수 없다"고 했고, 이재명 캠프에서는 "보도한 언론사가 메이저 언론이 아니라고 폄훼했다"며 "메시지로 반박을 못하니 메신저를 공격하자는 뻔한 수작"이라고 비판했다.

여당뿐만 아니라 야당 내에서도 비판이 나왔는데, 홍준표 의원은 "허접한 인터넷 언론이 정치공작을 한다고 언론과 국민 앞에 호통치는 건 든든한 검찰조직을 믿고 큰소리치던 검찰총장 때 버릇 그대로"라며 쓴소리를 했으며, 하태경 의원도 "언론을 메이저와 마이너로 갈라치기 한다"고 비판했다. 유승민은 "마이너 언론은 마치 공신력이 없는 것같이 표현한 것 자체가 굉장히 비뚤어진 언론관"이라고 비판했다. 한국인터넷기자협회는 성명을 내고 윤석열의 발언이 인터넷 언론 종사자 모두에 대한 심각한 명예훼손이자 비하, 차별적 혐오, 모독을 담고 있다며 공개사과를 촉구했다.

공익제보자 조성은과 국민의힘 김웅 의원

대검찰청에 공익신고를 한 제보자라고 알려진 조성은이라는 인물이 JTBC와 단독 인터뷰를 했다. 해당 인물은 자신이 뉴스버스 측에 알리고 대검찰청에 공익신고자 신청을 한 당사자라며 기사가 나가게 된 경위를 설명했다. 그는 "김웅 의원에게 자료를 받은 사실을 뉴스버스 측에 알렸을 뿐 정치공작과는 전혀 무관하다. 현재 여야 어느 캠프에도 속해 있지 않다. 김 의원에게 당시 자료를 받은 것은 맞지만 당에 따로 자료를 전달하진 않았다. 대화방 캡처에 나온 '손준성'이란 인물이 검사인지도 몰랐다"며 텔레그램 대화방 캡처 사진 원본을 JTBC에 추가로 제공하는 한편, "김웅 의원이 당시 전화로 대검찰청에 고발장을 접수하라고 얘기했는데 당시엔 그 의미를 몰랐다"고 말했다. 일부 언론과 정치권에서는 이 제보자에 대한 여러 추측을 내놓았다.

2021년 9월 10일 결국 고위공직자범죄수사처가 이른바 '고발사주' 의혹 관련자들을 압수수색하는 등 본격적인 수사에 착수했다. 이 과정에서 압수수색 영장에 윤석열 전 총장이 피의자로 적시되어 있는 것이 확인됐다. 공수처는 윤석열 전 총장과 손준성 검사를 피의자로 입건하였고, 김웅 의원은 참고인 신분이었다. 공수처는 다른 곳은 모두 압수수색에 성공했으나, 김웅 의원실의 경우 국민의힘 의원들이 현장에서 격렬히 반발한 탓에 약 11시간 동안의 대치 끝에 영장 집행을 포기하고 한발 물러섰다.

국민의힘은 공수처 검사가 적법한 영장 제시를 하지 않았고, 김웅 의원에게 허락을 받았다고 거짓말을 하며 압수수색을 했다는 점, 그리고 압수수색 범위에 포함되지 않은 보좌진 컴퓨터와 캐비닛에 보관된 서류를 수색했다는 점 등을 이유로 공수처의 압수수색이 불법이라고 주장했다. 그리고 이를 직권남용과 불법압수수색으로 규정하며 검찰에 고발할 계획이라고 밝혔다. 또한 김웅 의원은 김진욱 공수처장에게 사퇴하라고 주장했다.

이에 공수처 대변인은 "보좌관이 '의원님이 협조해 주라고 했다'고 했고, 보좌관에게 '변호인을 선임하겠느냐'고 물었더니 '제가 다 위임을 받았다'고 해서 압수수색을 시작했다"고 반박했다. 그리고 보좌진 컴퓨터 압수수색에 대해선 "영장에 압수수색 대상이 아주 구체적이고 정확하게 기재돼 있다. 의원실과 다른 공간에 대한 것도 기재돼 있다"며 불법이 아니라고 설명했다.

김웅 의원은 "수사관들이 고발 내용과 상관없는 '조국' '(정)경심' '(추)미애' '(김)오수' 등을 키워드로 의원실 컴퓨터에서 검색했다. 야당 정치인이 갖고 있는 자료들을 색출해 가기 위한 모략극이다. 김 처장은 사퇴하라"고 반발했는데, 공수처 관계자는 "고발장 초안에 다 담긴 키워드"라며 문제가 없다는 입장을 밝혔다. 또한 "수사팀의 합법적 행위를 다수의 힘으로 가로막고 검사에게 호통, 반말을 한 데 대해 깊은 유감을 표한다"며 "영장 재집행 여부를 계속 검토하겠다"고 밝혔다.

한편 공수처 대변인은 언론에 발표하기를, 언론의 지속적인 의혹 제기가 있어 온 사안이어서 압수수색에 들어간 것이라고 하였다. 법조계 일각에서는 "수사기관은 대중의 관심을 풀어주는 곳이 아니다. 죄가 있냐 없냐는 절대 그다음의 이야기가 될 수 없다. 언론의 사설과 칼럼 때문에 강제수사했다는 것이 말이 되느냐"고 했고, 다른 법조인은 "혐의가 있을 때 압수수색 등 강제수사에 나서 이를 입증하는 것이 수사의 순서"라며 "죄의 유무는 나중 이야기고 언론에서 하라고 해서 강제수사에 나섰다는 말이 공수처 대변인으로부터 나왔다는 게 믿기지 않는다"고 비판했다.

또한 "야당 대선주자를 시민단체 고발장만 갖고 증거 없이 빛의 속도로 입건했다"는 말이 나왔다. 뚜렷한 증거가 나온 것도 아닌 의혹 수준의 사안에 대해 야권 대선주자를 '선택적 입건'한 게 아니냐는 지적도 제기됐다. 대선주자인 윤 전 총장을 수사 시작부터 입건한 건 납득하기 어렵다는 지적도 제기됐다. 윤석열은 당시 검찰총장이었다는 점과 손 검사가 윤 전 총장의 측근일 수 있다는 점 외엔 이 사건과의 연결고리가 뚜렷하지 않다는 이유다.

윤석열 후보에 대한 표적 입건

경향신문은 통상 검찰 수사의 경우 사건 관계자에 대한 기초 사실 확인을 거쳐 수사가 윗선으로 향하는 형태를 보이는데, 이번에 공수처는 수사의 '꼭짓점'이라 할 수 있는 윤 전 총장을 수사 착수 단계부터 입건했다면서 공수처 스스로 수사 결과에 대한 부담이 커질 수 있고, 공수처 수사의 의도 자체를 의심받을 수 있다는 우려가 있다고 보도했다.

문재인 정부 초기 검찰개혁위원회 위원으로 활동한 김종민 변호사는 "뚜렷한 증거도 없이 언론 보도 등의 의혹만 가지고 입건하는 건 말이 안 된다"며 "이는 선택적 입건이라고밖에 할 수 없다"고 주장했다. 그리고 "특히 야권 대선 유력 주자를 명백한 증거도 없이 입건했다는 점에서 '공수처가 대선에 개입하려 한다'는 비판을 자초했다"고 지적했다.

익명을 원한 법조계 관계자도 "윤 전 총장을 피의자로 입건하면서 한 검사장, 권 지청장을 뺀 건 납득하기 어렵다"며 "윤 전 총장에 대한 표적 입건 아니냐"는 의혹을 제기했다.

검찰은 손준성 검사와 함께 근무한 직원들에 대한 면담 조사를 벌였지만 의미 있는 진술을 확보하지는 못했다. 손준성 검사가 대검 근무 시절 사용한 컴퓨터도 디지털 포렌식을 실시했지만 의혹과 관련한 특별한 증거는 발견되지 않았다. 공수처 관계자는 브리핑을 통해 "시민단체의 고발장 접수 이후 지난주 제보자 조씨가 공수처에 방문해 조사를 받았다"며 "조사가 상당히 오랜 시간 진행됐다"고 밝혔다. 한편 야권 일각에서 제기된 박지원 국정원장 연루 의혹에는 "고발사주 의혹 사건하고 크게 관련지어 볼 것이 아닌 것 같다"며 "신경을 못 쓰고 있다"고 설명했다.

법원, 손준성 구속영장 기각

법원은 공수처가 청구한 손준성 검사에 대한 구속영장을 기각하였다. 이세창 서울중앙지법 영장전담부장판사는 "피의자에 대한 출석요구 상황 등 이 사건 수사 진행 경과 및 피의자의 정당한 방어권 행사 범위를 넘어 증거를 인멸하거나 도망할 우려가 있다고 보기 어렵다"고 기각 사유를 밝혔다. 또한 "심문 과정에서 향후 수사에 성실히 임하겠다는 피의자 진술 등을 종합하면 현 단계에서 피의자의 구속 필요성 및 상당성이 부족하다고 판단된다"고 밝혔다. 대선 개입 우려가 없도록 신속한 수사를 하겠다는 공수처의 계획이 사실상 틀어진 셈이다.

한편 언론과 야당을 흥분시킨 사건이 발생한 것은 고발사주 의혹 수사를 총괄하고 있는 공수처의 여운국 차장이 국회 법사위 소속인 민주당 박성준 의원과 통화하고 저녁 식사 약속을 잡았던 것으로 확인된 사실이다. 여운국 차장은 공수처 국정감사가 끝난 11월 초 박성준 의원과 통화하면서 저녁 식사를 하기로 약속했다고 한다. 이를 두고 한 법조인은 "야당 대선 후보를 겨냥한 수사의 주임검사가 여당 대선 후보 캠프 소속 의원과 이런 식으로 접촉하는 것은 상상하기 어려운 일"이라며 "공수처가 여권에 유착됐다는 비판을 피하기 어려운 대목"이라고 분석했다. 이에 대해 공수처는 여운국 차장이 고발사주 수사 주임 검사이면서도 공수처의 행정업무 등 살림을 책임지는 지위에 있다는 점을 강조하면서 이른바 '갑과 을' 측면에서 통화가 불가피했다고 주장했다.

법원의 손준성 두 번째 구속영장 기각

12월 3일 0시경 서울중앙지방법원이 손준성의 구속영장을 또 기각했다. 기각 사유는 "피의자에게 방어권 보장이 필요한 것으로 보이는 반면, 구속의 사유와 필요성 및 상당성에 대한 소명이 충분하지 않다"는 사유로 첫 번째 기각 사유와 같다. 첫 번째에 이어 두 번째 구속영장도 기각됨으로써 공수처의 수사에 막대한 지장이 생긴 것이다.

법원의 이같은 결정으로 이 사건의 다른 피의자인 윤석열 전 총장에 대한 의혹을 풀지 못한 채 공수처의 고발사주에 관한 수사도 함께 마무리될 것으로 보인다. 공수처는 연이은 구속영장 기각으로 수사력에 대한 의문과 함께 무리한 영장청구에 대한 비판을 피할 수 없게 됐다. 이에 대해 윤석열 후보는 "사법부가 공수처의 속 보이는 정치공작에 제동을 건 것"이라 평가했다.

국민의힘 측에서는 공수처를 동원하여 손준성 검사에 대한 구속영장을 청구하여 흠집을 내보려다가 실패했다며, 이제는 검찰을 동원하여 '관권선거'에 나선 것"이라며 "권력기관을 총동원한 거짓 네거티브로 문재인 정부의 실정을 덮을 수 없다"고 했다. 그러면서 "정권 교체에 대한 국민의 열망을 결코 막을 수 없을 것"이라고 덧붙였다.

김재원 최고위원은 윤 후보 고발사주 의혹을 수사하는 공수처에 대한 법적 조치도 언급했다. "공수처가 윤 후보 관련 사건만 도급을 받아 수사를 하는 느낌"이라며 "고발사주 사건으로 죄를 뒤집어씌우기 위해 노력했지만, 압수수색 과정의 불법이 밝혀지거나 허위 공문서가 드러났다"고 지적했다. 이어 "손준성 검사의 거듭된 구속영장청구 기각을 보면서 공수처가 얼마나 정권의 충견 노릇을 하고 있는지 잘 봤을 것"이라며 공수처장을 비롯한 관련자들의 직권 남용 혐의를 밝혀 필요하면 형사 고발 조치하겠다고 덧붙였다.

3. 부산저축은행 대출 봐주기 수사 의혹

부산저축은행사건의 전모를 보면, 부산저축은행은 이재명 시장이 설계하고 유동규, 김만배, 남욱 등이 집행한 대장동 게이트 이전에 대장동 민간개발을 추진했던 C7 이강길 대표에게 1,155억원을 대출해 준다. 이때 이강길이 대출 알선 명목으로 부산저축은행 회장 인척에게 10억3,000만 원을 주었고, 이 사실을 중수부가 포착했는데 뭉갰다는 의혹이다. 아울러 부산저축은행은 여러 가지 비리로 진작 퇴출되었어야 할 은행인데, 이걸 막은 게 문제인 당시 민정수석이었다는 지적이 있다.

부산저축은행 회장이 임직원 이름으로 차명 대출을 받아 코스닥 업체 주식으로 주가조작을 하다 2003년 6월 금감원에 적발되어 조사가 진행되었다. 이때 문재인 민정수석이 유병태 금감원 국장에게 전화해서 "부산저축은행을 조사할 때 경영개선 권고 조치 등으로 대량 예금인출 사태가 생기지 않도록 신중히 처리해 달라"고 했다는 것이 검찰조사 결과 밝혀졌다. 그 전화 한 통으로 퇴출이 예상되던 경영진은 살아남았고, 문재인 대통령이 대표변호사였던 법무법인 부산은 2004년부터 2007년까지 59억 원의 수임료를 부산저축은행으로부터 받았다. 제3자 뇌물죄의 의혹이 있는 부분이고, 뇌물죄의 공소시효는 15년이므로 마지막 수임한 2007년 기준으로 아직 일 년이 남아 있다.

이재명 후보는 부산저축은행사건에 문재인 대통령이 관련되어 있다는 걸 잘 알면서도 물타기를 하고 있다. 2017년 당시 이재명 성남시장이 민주당 문재인 전 대표를 비난하는 글을 올렸다가 삭제한 적이 있기 때문이다. 2017년 1월 16일 새벽 자신의 SNS에 "59억 원이 적은 돈? 저는 20년 변호사 할 동안 수임한 사건 다 합해도 50억이 안 된다"는 글을 올렸다가 삭제했다.

성남시 대장동 개발 비리 의혹의 핵심인 화천대유자산관리(이하 화천대유) 실질적 소유자 김만배 전 법조기자가 대장동 개발에 뛰어든 것은 당시 대검 중수2과장이던 국민의힘 윤석열 대선 경선 후보가 맡고 있던 부산저축은행의 대장동 프로젝트 금융투자 부실대출 수사 당시 사건에 관련 있던 A씨에게 윤 후보와 친분이 있는 박영수 전 특검을 변호인으로 소개하면서부터 이어진 관계로 시작됐다는 정황이 나왔다는 것이다.

언론은 이와 관련해 2011년 대검 중수부에서 당시 중수2과장인 윤석열 후보를 부산저축은행 수사 주임검사로 임명해 부산저축은행 경영진과 A씨에 대한 수사를 착수했으며, A씨는 친분이 있는 당시 법조기자였던 김만배 씨로부터 윤석열 검사와 친밀한 관계인 박영수 전 특검을 변호사로 소개받았고 사건을 맡겼던 사실도 전했다.

또한 당시 부산저축은행그룹 PF 대출은 부산상호저축은행, 부산2상호저축은행, 대전상호저축은행 등 부산상호저축은행 계열들이 돈을 대출해 주는 대주로 참여했으며, 이 대출금 1,155억 원은 대장동 토지매입 등 사업 초기 비용으로 사용됐다고 설명했다. 이후 당시 대검 중수부 수사는 A씨를 피의자가 아닌 참고인으로 조사를 받게 했으며, 대장동 PF 역시 부산저축은행 부실대출건 등에 대한 전방위 수사를 펼쳤음에도 불구하고 수사 대상에 포함시키지 않았다. 하지만 이와 관련해 박 전 특검은 "기억이 없다"고 부정하고 있으며, 윤석열 전 검찰총장 측 역시 "특정 변호인의 친분관계로 인해 사건이 부당하게 처리된 사실이 전혀 없다"고 밝히며 관련 의혹을 부인하고 있는 것으로 알려졌다.

윤 후보 쪽은 부산저축은행 수사가 8개월간 76명을 기소할 정도로 워낙 큰 사건이어서 조씨 같은 참고인까지 수사했어야 한다는 것은 억지라고 했다. 반면 특별수사에 밝은 법조인들은 "계좌추적까지 한 대상을 참고인 조사만 하고 끝낸 것이 문제"라고 했다. 게다가 당시 중수부는 박연호 회장을 1,280억 원 부당대출혐의(배임)로 기소하는 등 모두 6차례나 기소하는 한편, 건축사사무소

임원의 1억 원 알선수재 혐의까지 빠짐없이 기소했다. 그런데도 대장동 관련 1,155억 원 불법대출에 따른 박 회장 배임 가능성이나 10억 원이 넘는 조씨 알선수재 혐의는 어디서도 찾을 수 없다.

언론은 박연호 당시 부산저축은행 회장의 인척이자 대장동 대출에 관여한 것으로 드러난 참고인 조씨에 대해 당시 주임검사였던 윤석열 후보가 계좌추적을 하고도 기소하지 않았다는 의혹을 제기했다. 윤석열 국민의힘 대선 후보 측은 한겨레의 부산저축은행 봐주기 수사 의혹 보도에 대해 "구체적 근거 없이 중요한 사실관계는 누락한 채 보도하는 것은 편파·왜곡 보도"라며 "강력히 유감을 표한다"고 밝혔다.

이양수 국민의힘 중앙선거대책위원회 수석대변인은 입장문을 내고 "새로운 사실 관계가 없는데도 한겨레는 계속 반복해 사실 왜곡 보도를 하고 있다"며 "조씨는 청와대 고위관계자에게 뇌물을 전달한 일로 조사를 받았다. 계좌추적을 했더라도 그 일과 관련된 추적임이 명백하다. 기사에는 제일 중요한 부분인 누구의 어떤 혐의를 밝히기 위한 계좌추적이었는지에 대한 내용이 전혀 없다"고 강조했다. 이어 "조씨 개인 범죄를 밝히기 위한 계좌추적으로 혐의가 구체적으로 밝혀진 상태에서 덮어야 '봐주기 수사' 의혹을 제기할 수 있을 것"이라며 "대장동 게이트도 계좌추적을 했는데 관련 계좌에 돈거래한 모든 사람들은 수백 명이 넘는다. 계좌거래에 등장하는 모든 사람의 개인 범죄를 밝히라는 주장인데, 지나친 억지"라고 말했다.

이 수석대변인은 "조씨가 알선료를 표시나게 받은 것이 아니다. 정상적인 용역을 가장해 용역보고서를 작성하고 그에 따라 나눠서 돈을 받은 것"이라며 "부산저축은행이 대출한 사업장에 용역이 수백, 수천 개에 이르는데 모든 용역을 검증했어야 한단 말인가"라고 반박했다. 그러면서 "수사 본류에 집중하는 것은 수사의 기본이다. 기사에도 조씨의 '용역보고서' 도면이 짜깁기된 것을 확인하고 나서야 고발했다고 한다"며 "사실 확인이 더 필요했다는 이야기다. 조씨의 혐의가 다른 단서로 뒤늦게 밝혀져 기소된 것에 불과하다"고 주장했다.

또한 "박영수 변호사가 언제, 누구에게, 어떤 변론을 했는지에 대한 언급도 없다. 만약 박영수 변호사의 변론이 먹혀 봐주기 수사한 것이라면 인척인 부산저축은행 박 회장은 왜 박영수 변호사를 활용하지 않았나"라며 "당시 윤석열 검사는 박 회장에게 무기징역을 구형하는 등 금융 비리를 엄단했다. 봐주기 수사는 당치도 않다"고 말했다.

4. 윤석열 후보 부인 김건희 씨에 대한 의혹들

도이치모터스 주가조작사건

김건희 씨에 대한 의혹은 크게 두 가지로 도이치모터스 주가조작과 경력허위기재 사건이다. 도이치모터스 권오수 회장은 2009년 11월부터 3년 동안 이른바 주가조작 '선수'로 불리는 시세조종꾼 등과 공모해 도이치모터스의 주가를 인위적으로 끌어올린 혐의를 받았다.

권 회장 등은 주가조작 과정에서 가장·통정매매와 고가매수·허위매수 등 이상매매 주문을 7,804차례나 내고, 회사 내부 호재 정보를 유출해 주변인들의 주식 매입을 유도하기도 했다. 이렇게 비정상적 방식으로 도이치모터스 주식 1,661만 주(654억 원 상당)를 매집해 주가를 왜곡했다는 게 수사 내용이다. 이 과정에서 권 회장이 챙긴 부당이득만 약 82억 원 규모로 추산됐다.

권 회장이 '선수' 이모 씨에게 주가조작을 의뢰한 건 2009년 11월로 조사됐다. 도이치모터스가 2008년 우회상장 이후에도 주가가 계속해서 하락하자 권 회장이 주가조작 범행을 계획했다는 게 검찰의 판단이다. 이씨는 2009년 12월부터 약 9개월 동안 다른 '선수'들을 기용하거나 권 회장에게서 소개받은 투자자들의 주식을 바탕으로 주가조작을 실행했다. 그러다가 2010년 9월 기존 투자자들의 이탈로 주가 부양이 불발되자 권 회장은 선수를 김모 씨로 바꿔 범행을 이어갔다. 교체선수 김씨는 2010년 9월부터 이듬해 4월까지 주가를 2,000원에서 약 4배 부양했다. 그러나 이후 각종 악재로 주가는 2012년 12월까지 3,000원대로 떨어지는데, 권 회장과 김씨 등은 이 과정에서도 주가조작을 시도했던 것으로 조사되었다.

검찰은 권 회장을 포함해 선수 이씨와 김씨 등 5명을 구속기소하고, 나머지 공범 9명은 불구속기소 또는 약식기소 처분했다. 우회상장한 도이치모터스 주식 8억 원 어치(24만여 주)를 2009년에 장외매수한 김건희 씨는 이듬해 1월 권 회장의 소개로 '선수' 이씨를 소개받아 주식을 일임하고 10억 원이 든 신한증권 계좌도 맡긴 것으로 파악돼 '주가조작 전주(錢主)' 역할을 한 것 아니냐는 의혹이 제기됐다. 경찰의 2013년 내사보고서엔 권 회장이 김씨에게 이씨를 소개한 내용 등이 담긴 이씨의 자필서가 편철돼 해당 의혹이 촉발됐는데, 검찰은 이번에 해당 자필서와 관련 "상당부분 사실과 부합하는 것으로 확인됐다"고 밝혔다.

다만 검찰은 김씨가 권 회장이나 이씨의 주가조작 범행 계획을 인지하고 계좌 등을 맡겼는지에 대해선 명확한 진술이나 근거를 확보하지 못한 것으로 알려졌다. 수사팀은 "권 회장이 도이치모터스 우회상장 이후 주가가 지속적으로 하락하는 과정에서 투자자들로부터 주가 부양 요구를 받자 이씨에게 주식 수급을 의뢰했다"고 밝혔지만, 주가 부양 요구자 가운데 김씨는 포함되지 않은 것으로 파악됐다.

권 회장은 도이치모터스 최대주주이자 대표로 근무하면서 이른바 '선수'들과 결탁, 주가를 띄우기 위해 회사 내부 정보를 유출하고 주식 1,500여만 주(636억 원 상당)를 불법 매수하며 조작행위를 벌인 혐의를 받았다. 서울중앙지검 반부패·강력수사2부(조주연 부장검사)는 열린민주당 최강욱 대표 등의 고발로 관련 수사가 시작된 지 1년 8개월 만에 자본시장법 위반 혐의로 권 회장 등 총 5명을 구속기소하고, 4명은 불구속기소, 5명은 약식기소했다. 김건희 씨에 대해선 '계속 수사 진행 중'이라는 입장이지만, 법조계에선 주가조작에 가담한 정황을 입증 못하는 게 아니냐는 관측이 나온다. 이에 따라 정치권에선 윤 후보가 그간 자신의 약점으로 지적된 아내의 '주가조작 리스크'에서 완전히 벗어났다고 판단하고 있다.

야당, 검찰을 동원한 관권선거 강력 규탄

검찰이 김건희 씨에 대해 공소장에 어떠한 내용도 담지 못한 데 대해 국민의힘은 "검찰을 동원한 관권선거를 강력히 규탄한다. 열린민주당 최강욱 의원이 일방적으로 제기한 거짓 의혹일 뿐 실체가 없다"고 했다. 전주혜 중앙선거대책위원회 대변인은 이날 논평을 통해 "검찰이 도이치모터스 관련자들에 대한 수사 결과를 발표했다. 구속영장에 이어 공소장에도 김건희 씨와 관련된 어떠한 내용도 담기지 않았다. 당연한 결과"라며 "김건희 씨에 대한 처분을 함께 하지 않고 사건을 남긴 채 '수사 중'이라고 밝혔다. 매우 이례적이다. 왜 함께 처분하지 않았는가. 무슨 수사할 것이 더 남아 있나. 관련자를 14명 기소하고 광범위한 계좌추적과 압수수색을 했다. 김건희 씨에 대한 사건만 별도로 처리할 이유가 전혀 없다"고 지적했다.

그는 "거듭 밝히지만 이 사건은 김건희 씨와 관련이 없다. 이미 경찰청 내사보고서에 나온 바로 그 계좌를 모두 공개했는데, 김건희 씨가 증권계좌를 4개월간 다른 사람에게 맡겼다가 4,000만 원 손실을 보고 되찾은 것이 전부다. 범죄와는 아무런 상관이 없다"고 강조했다. 이어서 "윤석열 검찰총장 찍어내기용으로 시작된 사건을 질질 끌고 있다가 국민의힘 경선기간에 맞춰 관련자들을 압수수색하여 보도가 나게 했다"며 "이제는 국민의힘 선대위 발족에 맞춰 '김건희 씨를 수사 중'이라고 언론에 냈다. 울산시장 선거공작 사건과 너무 흡사하지 않은가"라고 꼬집었다. 나아가 "도이치모터스, 코바나컨텐츠 관련 거짓 의혹들에 대한 검찰의 장기 수사는 역대 최악의 관권선거 사례로 남을 것"이라며 "이를 지시하고 기획하고 실행한 사람들도 반드시 그에 따른 책임을 저야 한다"고 했다.

경력 허위 기재사건에 대한 윤 후보의 사과

윤석열 대선 후보는 12월 17일 서울 여의도 국민의힘 당사에서 부인 김건희 씨의 경력 허위 기재 의혹에 대해 "이유 여하를 불문하고 죄송하다"고 허리 숙여 깊이 사과했다. 부인에 대한 언론의 지속적인 경력 의혹이 제기된 지 사흘 만에 이런저런 '조건'을 달지 않고 사과한 것이다.

그동안 윤 후보는 부인에 대한 의혹에 대해 팩트체크도 안 된 사안이라며 사과하기를 강력히 거절해 왔다. 이것은 60평생 검찰로서 갑의 위치에만 있던 그의 이력으로 볼 때 극히 예외적인 사례가 될 것이었다. 그는 "논란을 야기한 것 자체로 제가 강조한 공정과 상식에 맞지 않는다. 과거 제가 가진 원칙과 잣대는 저와 제 가족에게도 똑같이 적용돼야 한다"고 물러섰다. 이것은 그동안 조국 수사 등에서 보여 준 '내로남불' 저격에서 거꾸로 자신이 고수해 온 공정의 상징이라는 훈장을 지키겠다는 의지의 표현으로 보인다.

그러나 의혹을 말끔히 해소하진 못했다. 부인 관련 의혹에 대한 속시원한 해명은 아직 이루어지지 않았다. 윤 후보는 의혹의 구체적 내용에 대해선 언급을 피했다. 언론은 이를 두고 '조건' 달지 않은 '90도 사과'라고 표현했다. 윤 후보는 당사에서 '국민후원회' 발족

행사를 마친 뒤 기자들이 있는 브리핑실을 찾았다. 주머니에서 종이 한 장을 꺼내 입장문을 읽어 내려갔다. 280자 분량으로 직접 썼다고 한다. 윤 후보는 김씨 논란이 여권의 공세라고 손가락질하는 태도를 거두고 "이유 여하를 불문하고 국민 여러분께 심려를 끼쳐드려 죄송하다"고 엎드렸다. "아내와 관련된 국민의 비판을 겸허히, 달게 받겠다"면서 두 번에 걸쳐 "죄송하다"고 말했다. 이로써 윤 후보는 "사과에 인색하다"는 비판을 상당 부분 벗었다는 평이다.

윤 후보의 사과는 전격적이었다. 그는 이날 오전 출근길에 "입장 표명은 언제 하느냐"는 기자들의 질문을 받고 아무런 답변을 하지 않았다. 김종인 위원장이 "사과는 빠르면 빠를수록 좋다"며 공개 훈수를 둔 직후였지만, 윤 후보는 침묵했다. 공식 사과가 필요하다는 당 안팎의 목소리는 갈수록 커졌다. 이준석 대표는 오전 SBS 라디오에서 "윤 후보가 겸손한 자세로 늦지 않은 시간에 입장 표명을 해야 한다"고 압박했다. 윤 후보와 오찬을 함께한 선대위 전략자문위원들도 "정치인은 변명처럼 보이는 사과를 하면 안 된다"는 취지의 조언을 했다고 한다.
　전격적으로 윤 후보가 마음을 돌린 데는 김씨의 역할이 가장 컸다고 한다. 윤 후보 측 관계자는 부인이 "진의가 전달되도록 한 번 더 사과하는 게 좋겠다"고 윤 후보를 며칠 전부터 설득했고, 윤 후보가 오늘 결심했다며 "윤 후보가 '정중하게 사과해야 한다'며 직접 입장문을 여러 번 고쳤다"고 전했다. 윤 후보는 그러나 부인이 관련된 각종 의혹에 대한 명쾌한 해명을 내놓진 않았다. 의혹 내용에 대한 기자들의 질문에 답하지 않은 채 브리핑실을 떠났다. 이 때문에 민주당은 "윤 후보가 여론에 굴복해 '억지 사과'를 한 것"이라고 날을 세웠다.

선대위 관계자들도 이에 대해 할 말이 많은 듯했다. 김씨의 의혹에 대한 팩트체크가 되지 않아 정확한 대응을 하지 못하는 상황은 여전하기 때문이다. 이양수 선대위 수석대변인은 "오래전 일이라 사실 관계 확인이 쉽지 않다"며 "사실로 드러난 부분은 인정하고, 아직 의혹인 점까지 다 포함해 사과드린 것"이라고 설명했다.

의혹이 해소되지 않는 한 윤 후보의 가족 리스크엔 언제든 불이 붙을 수 있다. 김씨의 허위 경력과 관련한 새로운 의혹들이 하루 몇 건씩 불거지는 것도 부담이다. 이양수 대변인은 "팩트체크를 해보고 나중에 결과가 어떻게 나오느냐에 따라 다시 한 번 사과 발표가 있을 수 있다"고 말했다.

김건희 씨 경력 허위 기재사건의 내용

그것은 김건희 씨가 2001년부터 한림성심대학교 시간강사, 서일대학교 산업디자인과 시간강사, 수원여대 겸임교수, 안양대 겸임교수, 국민대 겸임교수 지원 과정에서 제출한 경력증명서의 초·중·고등학교 및 대학 강사 근무 경력, 그리고 학력이 허위로 기재되었다는 사실이 드러나며 불거진 논란이다.

하지만 《월간조선》 취재 결과 사범대나 교육대학원 재학생들의 강사나 교생실습 근무 기록은 근무했던 학교에서 개별적으로 관리하기 때문에 교육청에 자료가 없는 건 당연하다며, 숙명여자대학교 교육대학원 학업성적증명서를 보면 김씨는 1998년 1학기에 '교육실습(2학점)'을 나간 사실이 확인되었다. 김씨는 광남중학교에서 교생실습을 마치고 받은 '확인서'를 숙명여대에 제출했다.

반면 대도초등학교 실기강사 기록은 어디에도 남아 있지 않았다. 대도초등학교 관계자는 "그 무렵 강사기록 자료는 누구의 것도 남아 있지 않다"고 했다. 교육청은 조해진 의원실에 "근무 이력이 없다. 오래전 근무 이력을 완벽하게 확인하기에는 어려움이 있음"이라고 답변했다.

김건희 씨의 사과

2021년 12월 15일, 김건희 씨는 서울 서초구 코바나컨텐츠 사무실 앞에서 연합뉴스 기자를 만났다. 이 자리에서 "허위 경력과 관련 청년들의 분노 여론이 있는데 사과 의향이 있느냐"라는 기자의 질문에 "국민 여러분께 심려를 끼쳐 드린 점에 대해 사과할 의향이 있다"고 답했다. 그리고 이로부터 30여 분 후 "사실 관계 여부를 떠나 국민들께서 불편함과 피로감을 느낄 수 있어 사과드린다"는 입장을 새로 내놓았다. 한편 "윤 후보 배우자로서 공개 활동은 언제 개시하느냐"라는 질문에는 "아직 드릴 말씀이 없다"고 답했다.

2021년 12월 14일 관훈클럽 토론회에서 윤석열 후보는 아내 김건희를 옹호했다.

"일단 팩트부터 말씀드리면, 교수는 아니고 시간강사와 유사한 겸임교수입니다. 그것도 산학 겸임교수로. 제 처가 수상 경력이라고 하는 건 그 회사 운영 과정과 작품 출품에 깊이 관여를 했습니다. 부사장으로서. 그러기 때문에 그거를 자기 개인 경력이라고 얘기하지는 않았고 산학연계, 시간강사나 다름이 없는 겸임교수 자리니까 그거를 참고자료로 그냥 썼습니다. 부분적으로는 모르겠지만 전체적으로는 허위가 아닙니다."

이어 토론회가 끝난 직후 김건희 씨가 자신과 결혼한 이후인 2013년과 2014년 안양대학교와 국민대학교에 각각 제출한 이력서에 허위 경력을 기재한 것에 관한 기자의 질문에 "저는 모르는 일이고 허위라는 게 뭐가 있느냐. 저는 아직 금시초문이다"라고 답변했다. 이에 정치권에서는 조국 전 장관 때와 이렇게 다를 수 있냐며 내로남불이라는 비판이 쏟아졌다.

윤석열 후보의 입장

같은 날 오후 김건희 씨가 연합뉴스 기자와 만난 자리에서 사과 의사를 밝힌 사실이 보도되자 윤석열 후보는 다음과 같은 입장을 내놓았다.

"어찌 됐든 국민들께서 여기에 대해서, 대선 후보의 부인이 아무리 결혼 전에 사인(私人) 신분에서 처리한 일들이라 하더라도, 국민이 높은 기준을 가지고 바라봤을 때, 거기에 대해 좀 미흡하게 처신한 게 있다면, 그 부분에 대해서는 국민께 송구한 마음을 갖겠다는 그런 뜻입니다. 저도 사과했다는 것을 지금 나오면서 봤는데, 제가 볼 때 그런 태도는 적절한 것으로 보여지고. 어찌 됐든 본인 입장에서 할 말이 아무리 많다 하더라도, 그리고 또 여권의 이런 공세가 아무리 부당하다고 느껴진다 해도, 국민의 눈높이와 국민의 기대에서 봤을 때 조금이라도 미흡한 게 있다면 국민들께는 이 부분에 대해서 송구한 마음을 갖는 것이 맞다고 생각합니다."

윤석열 후보의 기자간담회

조국 수사와 비교해서 국민의힘의 내로남불이라는 비판에 동의하는지 묻는 질문에는 "동의하고 동의하지 않고의 문제를 떠나서 어떤 종류의 비판이든지 간에 정치하는 사람은 그 비판에 귀를 기울이고 경청해야 된다고 생각합니다"라며 즉답을 피했다. 여야를 막론하고 대선 후보들의 가족을 공격하는 것 자체를 정치권이 좀 자제해야 된다는 목소리에 대한 의견을 묻자, "대선 후보는 무한 검증을 받고, 다소 억울하다 하더라도 국민들의 비판은 겸허하게 받아들여야 된다고 생각합니다"라며 현재 자신과 처가와 관련된 의혹과 검증에 대해 억울하다는 심경을 내비쳤다.

12월 17일, 윤석열 후보는 후원금 모금 캠페인 시작을 알리는 행사를 가진 뒤 준비해 온 사과문을 낭독했다.

"제 아내와 관련된 논란으로 국민 여러분께 심려를 끼쳐드려 죄송합니다. 이유 여하를 불문하고, 경력 기재가 정확하지 않고 논란을 야기하게 된 것만으로도 제가 강조해 온 공정과 상식에 맞지 않는 것임을 분명히 말씀드립니다. 국민 여러분께서 저에게 기대하셨던 바 결코 잊지 않겠습니다. 과거 제가 가졌던 일관된 원칙과 잣대, 그건 저와 제 가족, 제 주변에 대해서도 똑같이 적용되어야 합니다. 아내와 관련된 국민의 비판을 겸허히 달게 받겠습니다. 그리고 더 낮은 자세로 국민들께 다가가겠습니다. 죄송합니다."

김종인 위원장은 12월 15일 오전, "우리가 대통령을 뽑는 거지 대통령 부인을 뽑는 게 아니지 않느냐. 후보의 부인에 대해 이러쿵저러쿵 얘기하는 게 내 상식으로 납득이 되지 않는다"며 김건희 씨를 옹호하였다. 이양수 중앙선대위 수석대변인도 그날 오후 입장문을 냈다. 이 대변인은 "채용이 아닌 위촉이며 학력·경력을 부풀렸다는 것도 사실이 아니다. 겸임교수는 시간강사와 같은 것으로 계속적 근로관계를 맺는 채용이 아니라 특정 과목 시간을 강의해 달라고 위촉하는 것"이라며 "채용 비리 운운은 어불성설"이라고 주장했다. 김태흠 선대위 정무특보단장은 "지금 민주당의 공세는 이재명 후보의 문제를 덮으려는 불순한 의도가 있다"고 주장했다.

여당 민주당의 공격

강병원 민주당 최고위원은 "김씨는 까도 까도 거짓만 드러난다"며 "믿거나 말거나 기억이 안 난다. 돋보이려고 한 욕심이라는 해명이 아주 일품이다. 국민을 우습게 알아도 유분수"라고 비판했다. "입만 열면 막말을 하면서 토론을 회피하는 역대급 대통령 후보와 그에 버금가는 안드로메다급 배우자"라며 "이런 부부를 두고 '천생연분'이라고 부르는 것"이라고 꼬집었다.

김병기 민주당 선대위 현안대응TF 단장은 "보도가 사실이라면 영부인으로서 결격사유라고 생각한다. (이준석 대표가) 결혼 전의 일이 검증받아야 할 내용이냐고 했던데, 그러면 같은 논리로 조국 전 장관이 장관 되기 전 일이라고 해명하면 되는 건가. 말도 안 되는 해명에 대해 되묻고 싶다"고 지적했다.

고민정 민주당 의원은 "본인의 범죄 사실을 인정하면서도 '왜 나만 갖고 그러냐'는 김건희 씨"라며 "법을 우습게 여기며 살아왔다"고 비판했다. 그리고 윤석열 후보를 향해 "'국민의 검찰은 인사권자 눈치 보지 말고 권력자도 원칙대로 처벌해야' 한다며 '이는 헌법상 책무'라고 했던 본인의 말을 잊진 않으셨겠지"라며 "윤석열 후보는 검사로서의 양심을 걸고 이 사건들을 어떻게 처리해야 하는지 입장을 밝혀야 할 것"이라고 했다.

정청래 의원은 "선거법에는 후보자의 허위 학력·경력에 대해 대부분 당선무효형으로 엄격하게 처벌하고 있다"며 "물론 김씨의 (허위 경력 의혹은) 결혼 이전의 일이고 공소시효가 지났지만, 과거의 문제도 현시점에서 거짓말을 한다면 법적용 대상이 될 수 있다. 내가 보기에는 후보 사퇴감이다. 윤 후보는 말을 해도 안 해도 문제"라며 "부인을 진정 위한다면 이쯤에서 그만두는 게 어떠냐"고 말했다.

학력·경력 의혹과 관련한 언론의 팩트체크

김건희 씨에 대한 정치권의 무차별적 폭격에 대하여 언론은 팩트를 체크하여 사실을 바로잡았다. 《월간조선》은 민주당 측이 윤석열 후보 부인 김건희 씨에 대해 제기한 학력·경력 의혹과 관련해 객관적 자료를 근거로 취재한 결과 상당 부분은 가짜뉴스였던 것으로 확인됐다. 민주당은 조금만 신경 쓰면 파악할 수 있는 사실까지 왜곡해서 김건희 씨를 공격하기도 했다는 것이다.

이를 건별로 분석해 보면, 숙명여대 교육대학원 학업성적증명서 등을 통해 김건희 씨 교생실습 사실 확인, 서울대서 발급한 석사학위증명서, 김씨가 소속된 학과 경영학과라 표기, 김씨가 졸업한 경기대 회화과는 2009년 서양화학과로 이름이 바뀌어, 숙명여대 교육대학원 미술교육 전공이 명시된 석사졸업증명서 지원서에 첨부, "조교수 대우 겸임교원을 했던 김건희 씨는 저랑 근무할 때는 부교수 대우 겸임교원이었다"(전 한국폴리텍대학 컴퓨터게임과 학과장 김종진 씨 증언), 1999년 8월 21일 숙명여대 교육대학원에서 미술교육 전공으로 석사학위. 미술 2급 정교사 자격도 취득, 숙명여대 교육대학원 학업성적증명서에 나온 김건희 씨 교육실습 사실 등이 확인되었다.

또한 교육청은 정규 교원들의 기록만 관리한다. 사범대나 교육대학원 재학생들의 강사나 교생실습 기록은 근무했던 학교에서 개별적으로 관리하기 때문에 교육청에 자료가 없는 건 당연하다는 것이다. 대도초등학교 실기강사 기록은 어디에도 남아 있지 않았다. 학교 관계자는 "그 무렵 강사기록 자료는 누구의 것도 남아 있지 않다"고 했다.

민주당발 가짜뉴스, 사례별 팩트

민주당은 근무 이력이 없다는 답변만 부각시켜 김씨의 중학교와 초등학교 교생 및 강사 경력을 '허위'라고 단정했다는 지적이다. 국민의힘 관계자는 "민주당에서 숙명여대 자료를 확보하거나 대도초등학교에 확인했다면 사실 관계를 파악할 수 있는데도, 이런 부분은 쏙 빼놓고 김건희 씨를 공격한 것이다. 전형적인 김대업식 정치공작"이라고 비판했다.

또한 민주당은 김씨가 2014년 국민대 겸임교수 지원 때 서울대 경영전문대학원에서 경영전문석사를 했으면서 서울대 경영학과 석사라고 허위로 기재했다는 의혹을 제기했다. 하지만 김씨는 서울대학교 경영전문대학원 경영학과를 졸업하고, 정규 석사학위를 취득했다. 서울대에는 경영대학원이 따로 존재하지 않는다. 일부에선 경영전문대학원을 '경영대학원'으로 부르기도 한다는 것. 게다가 서울대에서 발급한 석사학위증명서에도 김씨가 소속된 학과는 경영학과라고 되어 있다. 김씨가 국민대 교원임용지원서에 서울대학교(학교명) 경영학과(세부전공)라고 표기한 이유다.

그리고 민주당은 김씨가 6개월 코스의 서울대 경영전문대학원 경영전문석사를 한 것이 전부라고 주장하는데, 확인 결과 사실이 아니었다. 김씨는 2012년 2월 24일 서울대 경영전문대학원 경영학과(Executive MBA)에서 경영전문석사학위를 받았다. 서울대에서 발급한 석사학위 수여증명서에 나온 내용이다.

서울대 경영전문대학원에는 '풀타임(Full-time) MBA'와 'EMBA' 과정이 있다. 풀타임 MBA는 일 년짜리 석사 과정이고, EMBA는 금요일과 토요일 집중교육을 받는 2년짜리 정규 석사 과정이다. EMBA의 'E'자는 'Executive(경영진)'를 의미한다. 김씨는 EMBA 과정을 다녔다. 김씨가 6개월 코스 서울대 경영전문대학원을 다녔다는 민주당의 주장이 가짜뉴스였던 것이다.

또한 민주당은 김씨가 이력서에 '영락고등학교 미술교사'를 지냈다고 적은 것을 허위라고 주장했다. 실제 그의 경력은 '영락여상 미술강사'였다는 것이다. 김씨는 수원여대 교원임용지원서에 2000년 영락여고(근무기관) 미술교사(근무부서) 정교사(직위)라고 썼는데, 김씨는 1999년 정교사 자격을 취득했다. 윤 후보 측 관계자는 "영락여상과 영락고는 같은 재단이다. 위치도 같다. 두 학교 이름을 착각한 것"이라고 했다. 2013년 안양대 교원지원서에도 자신의 출신 대학을 경기대 '서양화학과'로 표기했다가 2014년 국민대 교원지원서에 '서양학과'로 적은 것도 비슷한 맥락으로 보여진다.

5. 윤석열 후보 장모 의혹

윤석열 후보의 장모 최씨에 대한 의혹은 최씨가 직접 연루된 4개 사건과 그 밖의 관련 사건 등이 있다. 최씨가 직접 연루된 사건은 경기 성남시 도촌동 부동산 관련 사기사건, '윤석열 X파일'의 진원지로 지목된 정대택 씨 관련 사건, 파주 요양병원 의료법 위반사건, 양평 오피스텔 사기사건 등 4건이다.

2020년 검찰 내부에서 작성한 문건에 도촌동 부동산 사기사건과 양평 오피스텔 사기사건에서는 최씨를 '피해자'로, 파주 요양병원 의료법 위반사건에선 '투자자'로 각각 표기했다. 정대택 씨 관련 사건에선 최씨의 지위를 사실상 '투자자이자 피해자'라는 법리로 정리했다.

이 문건이 작성된 시점에 최씨는 도촌동 부동산 사기사건으로 고발돼 검찰 조사를 받고 있었다. 파주 요양병원 의료법 위반 의혹과 관련해서도 열린민주당 내에서 최씨에 대한 고발 논의가 진행 중이었고 이후 고발이 이루어졌다. 최씨는 문건에서 파주 요양병원 의료법 위반사건 '피해자'로 표현됐지만 올 7월 1심에서 징역 3년을 선고받고 법정구속됐다.

윤 후보 측은 총장 재직 당시 최씨 관련 사건 처리와 관련하여 "위법하거나 부당한 지시, 요청을 한 사실이 없다"며 "작년 11월 추미애 당시 법무부장관이 대검 감찰부에 지시해 압수수색을 했지만 아무런 자료가 나오지 않아 징계사유에도 포함시키지 못한 것으로 알고 있고, 법무부도 수사를 의뢰했지만 그 부분 역시 검찰에서 혐의없음 처분을 받았다"고 밝혔다.

윤석열 대선 후보는 12월 14일 관훈클럽 토론회에서 장모의 요양병원 불법개설 및 요양급여 부정수급, 땅투기 등 장모와 관련된 각종 의혹에 대해 "사전에 검사 사위하고 의논했으면 이런 일에 연루될 일이 없다"고 자신과 연관성을 부인했다. "검사 사위를 둔 장모가 거액의 투자를 하는 행위가 정상적인가"라는 질문에 이같이 답했다. 윤 후보는 "기본적으로 50억 원 정도의 사기를 당했고, 그 과정에서 이루어진 일"이라며 "(장모) 마음대로 일을 벌이고, 사기도 당하고, 돈을 회수하는 과정에서 무리도 하면서 이렇게 됐다"고 설명했다. 또한 "상대방은 늘 수사과정, 재판과정에서 저 집 아들이 판검사고, 사위가 판검사니깐 나에게 불이익을 주지 말라고 주장한다"며 "송사를 벌이는데 자식이 (사위가) 판검사라면 (상대방은) 그걸 공론화한다. 그래서 유리할 게 전혀 없다"고 주장했다.

윤 후보는 "전혀 상의하거나 낌새도 몰랐느냐"는 질문에 "결혼 날짜를 앞두고 정모 씨가 총장과 장관한테 제가 처(김건희)를 알기 훨씬 전에 벌어진 일들에 관여했다는 사실과 다른 진정서를 넣었다"고 말했다. 이어 "감찰 내사 단계에서 끝났지만, 그런 것을 겪었기 때문에 결혼하고 나서 장모에게 누구에게 돈을 빌려 주거나 투자를 하지 말라고 말했다"며 "사위가 권력자 부정부패를 조사하는 사람이기 때문에 나중에 돈을 못 받아도 그것을 돌려 달라는 법적 조치를 취하기 어려우니 하지 말라고 했다"고 밝혔다. 그러면서 "실제 장모가 법적 조치를 취하면 저쪽에선 사위가 영향력을 행사한다고 늘 공격한다. (그래서) 그런 거 하지 말라고 아주 신신당부를 했다"고 덧붙였다.

제5부
여당 이재명 후보 vs 제1야당 윤석열 후보

1. 국민의 자존심을 회복시켜 주는 새 정권

여당 이재명 후보와 제1야당 윤석열 후보는 지금 이 순간에도 검고 푸른 강을 향해 항해 중이다. 그들이 겪고 있는 격랑은 어둡고 무시무시한 강이다. 윤석열이 건너고 있는 강은 바로 얼마 전 보수세력이 아프게 겪어 온 박근혜 탄핵의 강이며, 이재명이 건너는 강은 조국과 문재인의 강이 될 것이다.

보수층은 지난 5년여 동안 벌어진 집권층을 비롯한 모든 진보세력들이 벌인 정책 퍼레이드를 쓰라린 아픔으로 지켜봐야 했다. 다른 것은 다 제쳐놓더라도 북한과의 교류를 넘어 우리 정부가 비참할 정도로 무너져 가는 모습들을 두 눈 부릅뜨고 감내해야 했고, 북한의 지존이라는 어린 두 남매가 우리 대통령을 '삶은 돼지 대가리'라고 조롱하고, 우리 국민이 충격당하고 살해당하는 모습을 진정 통탄하며 지켜보아야 했다.

이제 우리 국민의 자존심을 지켜 주는 정권을 간절하게 원한다. 부동산 문제를 아차 하는 순간에 수십여 개 졸속 법안 개정으로 다 망쳐 불과 몇 년 사이에 집값을 몇 배씩 올려놓고 세금은 다락같이 더 걷어내는, 그래서 세수가 몇 조씩 남아돈다고 여유를 부리는 진보정권에 대해서 그저 바라만 봐야 했다. 그러면서 박 대통령이 왜 무엇 때문에 탄핵당하고 감옥에 끌려가서 그 같은 치욕을 당하고 있는지 아직도 영문을 모르고 있는 보수층이었다. 보수 야당의 후보인 윤석열은 이제 그 탄핵의 강을 건너 새로운 보수, 중도층을 끌어안을 수 있는 보수, 우리 국민에게 무너져 내린 자존심을 회복시켜 주고 희망을 부여하는 보수의 힘을 보여 주어야 하는 역사적 책무가 있다.

윤석열은 평생 검사 생활을 하다가 정치에 입문한 지 4개월여밖에 안 됐다. 순수 공무원이던 그가 그토록 빠른 시간 안에 정권교체라는 국민의 여망을 이루어 낼 야권 대선 후보로 급상승한 배경과 원인은 무엇일까? 사실 이 길은 그가 원한 것이 아니었다. 그 길은 그의 일관된 언행과 검사로서의 양식 그리고 목표를 향해 직진하는 뚝심 등이 새로운 시대의 새로운 지도자상으로 부각되어 국민이 열어 준 길이다.

또한 그 길은 추미애 전 법무부장관과의 투쟁과 청와대로부터의 핍박이 만들어 냈지만, 이제부터의 전쟁이 그가 가야 할 새로운 길이다. 그러나 가장 중요한 점은 그가 가는 길은 혼자 가는 길이 아니다. 정권 교체를 염원하는 국민들과 함께 가는 길이다. 이제까지 존재해 왔던 대권주자들을 향한 팬덤은 지금부터 그에게로 집중될 것이다.

그러한 강성 지지층은 윤 후보의 모든 것을 감싸안고 함께 갈 것이다. 그가 가는 곳마다 환호와 박수로 그를 지원할 것이다. 물론 그 모든 것은 실패와 실망에 부딪치게 될 때 역으로 비수가 되어 돌아올 수도 있지만 말이다. 2차 세계대전에서 승리한 후 국민들이 처칠에게 환호하고 박수치는 모습을 보고 옆에 있던 동료가 "당신은 좋겠다"고 하자, 처칠은 "내가 나중에 단두대에 끌려가게 되면 저들은 더 좋아할 거야"라고 응답했다. 정곡을 찌른 촌철살인이다.

이제 주사위는 던져졌다. '여당 이재명 VS 제1야당 윤석열'이라는 대진표를 받아쥐게 된 지금, 정권 재창출과 정권 교체의 전쟁은 시작되었다. 제20대 대통령선거는 이제까지 그들 두 사람에게 닥친 것들과는 양상이 사뭇 다를 것이다. 국민의힘 경선과정에서 후보들이 토해 낸 발언 중에 가장 두드러진 것은 여당 후보인 이재명을 선거 승리 후 즉각 구속시키겠다는 엄청난 약속이었다. 아무런 거리낌도 없이 야당 대선 후보들은 그런 무시무시한 대국민 약속을 했다. 대장동 화천대유의 정범으로서 이재명 후보를 지적하였고, 그래서 그를 바로 구속시키겠다는 약속이 가능했던 것이다.

정치평론가들은 말한다. 우리나라 선거 구도는 언제부터인가 선거공학적 관점에서 보수3, 진보3, 중도4로 본다. 그래서 선거 결과는 대체로 49대 51로 승패가 갈리며, 중도층의 표심을 잡는 후보가 선거에서 승리하게 되는 것이다. 이는 당연히 보수와 진보의 힘의 균형이 거의 비슷하다 보니 중도층 표심이 어디로 기우느냐에 따라 승패가 좌우된다는 것이다. 그렇기 때문에 여야 후보 간의 유혈낭자한 전쟁에서의 승리 요인은 중도층 표심 공략에 달렸다.

중도층 표심이라는 것은 사실상 평소에는 별로 나타나지 않다가 선거가 임박한 시점에 급물살을 타고 쏠리게 되는 경우가 비일비재하다. 과거 이회창 후보의 낙승이 예상되다가 아들 병역 문제로 급작스럽게 젊은 중도층이 무너지게 되어 노무현 후보에게 쏠리게 된 사례가 있다. 그 이유는 말할 것도 없이 이회창의 대쪽 이미지, 공정과 정의의 상징이 상대방 전략에 의해 무참하게 깨져 버렸기 때문이다.

생각해 보면 나라의 운명이 정권을 담당하는 대선 결과에 달려 있고, 그 대선이 아주 보잘것없는 이미지 전략에 의해 결판날 수도 있다는 사실이 끔찍하기만 하다. 그래서 대선 후보들은 대중들의 호감을 얻으려 모든 노력을 다한다. 이는 어떤 면에서 보면 각 당의 거대한 비전이 실린 정책 내용보다도 더 중요할 수 있다.

2. 검증 불가의 참담한 '비호감 대선'

한동안 이재명 후보와 송영길 대표에 대한 비판으로 폐쇄됐던 민주당 권리당원 게시판이 전례에 없던 '실명제'를 도입하여 재개되었다. 그럼에도 불구하고 여전히 이재명 '후보 교체' 요구가 빗발쳐 민주당 관계자들을 곤혹스럽게 하고 있다. 이는 게시판이 열린 지 4시간 만에 '후보 교체'와 관련된 글이 1천 개가 넘게 작성되었기 때문이다. 그들은 "단순히 이 후보가 비호감이어서가 아니라 도덕적 결함이 치명적"이라거나 "후보를 먼저 교체해야 승리한다", 혹은 '저쪽(국민의힘)에서 먼저 바꾸면 (국민들이) 저쪽을 찍을 것' 등 '후보 교체'를 요구하는 글이 대거 올라왔다. 사실 이러한 움직임은 야당 쪽에서도 나왔는데, 이는 대부분 대구·경북 지방 조원진 쪽 사람들이라는 조사 결과가 나왔다.

누굴 뽑아야 한다는 말인가? 언론은 연일 벌어지는 양 후보의 본인과 가족 문제에 이르러 할 말을 잃고 있다. 본인 문제에서 비롯된 검증 문제는 점차 비화되어 가족 문제까지 이르러 국민들은 아연실색하고 있다. 하다하다 이제는 문제의 본질보다 사과하는 방식까지 본질처럼 논란이 되고 있다. 누가 얼마나 진솔하고 빠르게 사과했나의 경쟁이 되고 있다. 적어도 대선판이라면 국가 미래에 대한 비전을 다루고 국민을 행복하게 만드는 이야기들을 전개해야 하는데, 이건 시장 뒷골목에서 벌어지는 한심한 일들에 대한 이야기뿐이다.

윤석열 후보 부인 김건희 씨의 허위 경력 논란이 한참인 가운데 이재명 후보 아들의 도박과 성매매 의혹이 터졌다. 두 후보 본인의 문제인 대장동 비리와 고발사주 의혹에서 여전히 헤어나지 못하는데, 이번에는 가족 문제가 나왔다. 이 후보는 장남 이모 씨의 상습 도박과 성매매 의혹이 터진 다음 날 하루에 세 차례나 사과했다. 오전 8시 51분에 배포한 '사죄의 말씀 드립니다'라는 제목의 입장문을 통해 "아비로서 아들과 함께 머리 숙여 사과드린다"고 했다. 아들 도박 의혹이 이날 한 신문에 보도된 지 몇 시간 만의 메시지였다. 이 후보는 40분 뒤 열린 '사회대전환위원회 출범식'을 마치고 나서 다시 한 번 고개를 숙였고, 이후 인터넷 언론사 합동 인터뷰에서도 "당연히 책임질 것"이라며 몸을 낮췄다. 신속한 공개사과가 선거 전략상 낫다는 판단 때문일 것이다.

윤 후보는 부인의 허위 경력 논란이 계속되고 있다. 윤 후보가 이날 대한의협 간담회 후 취재진으로부터 받은 질문 대부분이 김씨 관련 사안이었다. 윤 후보는 "저나 제 처는 국민들께서 기대하는 눈높이에 미흡한 점에 대해 늘 죄송한 마음"이라고 했다. 김씨의 허위 경력 의혹은 윤 후보가 검찰총장 때 검찰이 조국 전 법무장관의 자녀 입시 비리 의혹을 수사했던 역사가 아직도 생생한 터에 이 문제는 윤석열의 트레이드 마크라 할 수 있는 상식과 공정에 의문점을 남기는 상황이 되고 있다.

이 사태를 대하는 양당의 태도는 매우 모순적이다. 양당 모두 겉으론 몸을 낮추고 사태 수습을 시도하면서 상대 후보를 겨냥해선 사과의 진정성을 문제 삼으며 칼날을 바짝 세우고 있다. 정의당에선 "양당 후보와 가족들의 범법행위로만 도배되고 있는 콩가루 대선"이라는 비아냥이 나왔다. 국민들 입장에선 당혹감을 감출 수가 없는 지경이 됐다. 본인과 가족 문제가 이렇게 적나라하게 벗겨진 상태에서 이번에도 예외없이 부끄러움은 그냥 국민들 몫인 모양이다. 국민들은 대체 어디까지 믿고 수긍해야 하는가? 후보들에 대한 검증과 평가는 어디까지 해야 하는가? 이야말로 검증 불가의 비호감 대선이 되고 있다.

대체 누가 더 유리하고 더 불리한가? 결국 국민들은 대통령을 뽑아야 한다. 선택지는 이미 정해져 있다. 그중에서 누가 더 훌륭하고 좋은지가 아니라 누가 덜 비호감인지 판단해야 한다. 이를 꼭 우리 국민의 불행이라고 한탄할 필요는 없다. 우리 사회의 잘 갖추어진 시스템이 존재하고 우리 국민의 감시체제가 잘 작동하기 때문이다.

이번 기회에 대통령이 좀 더 겸허하고 낮은 자세로 국민과 함께 목표를 설정하고 함께 헤쳐나가는 국가 시스템을 잘 구축해야만 한다. 국민이 추앙하는 대통령이 아니라 대통령이 국민을 미리 설득하고 모시는 시스템을 만들 수 있는 기회로 삼아야 할 것이다. 비호감 대통령은 항상 국민의 눈치를 볼 수밖에 없을 테니까 말이다.

이재명 후보의 경우 이미 대장동 게이트 사건으로 언제든지 궁지에 몰릴 가능성이 있고, 또 문재인 정권의 실정, 특히 부동산 정책 실패에 따른 정권 교체 여론이 높다 보니 중도층 표심 공략에 아주 불리한 상황이다. 더 나아가 이 후보는 전 국민 재난지원금으로 1인당 50만 원 내외의 돈을 추가 지급해야 한다는 정책을 추진 중이고, 경기도지사 시절 역점사업으로 추진한 지역화폐정책 추진과 이와 관련된 내년도 예산 원상복구 또는 증액을 요구하고 있으며, 소상공인 손실보상금 문제 등으로 적극적인 정책을 추진 중에 있다.

물론 언론은 지속적으로 이 후보가 추진 중인 재난지원금 문제에 대하여, 대장동 게이트에 대한 여론의 관심을 돌릴 수 있는 카드라는 비판을 하고 있지만, 야당에 대해서 그렇다면 재난지원금을 안 주겠다는 것이냐면서 대장동 게이트나 정권 교체 여론을 상당 부분 돌리는 효과를 거둘 수 있는 측면이 있다.

사실 재난지원금이 예산권을 가진 여권의 포퓰리즘 성격을 가지며 선거에 영향을 미친다는 야당의 비판에 대하여, 박영수 전 중앙선거관리위원회 사무총장은 행정안전위원회 전체회의에서 "정부의 긴급재난지원금이 총선에 영향을 미쳤다고 보느냐"는 질문에 "어떻게 영향을 미쳤는지는 짐작하기도, 말씀드리기도 어렵다"면서도 "(선거에) 영향을 당연히 미쳤다고 본다"고 말했다.

또한 당시 한정애 민주당 정책위의장이 MBC 라디오 '김종배의 시선집중'과의 인터뷰에서 "여야를 떠나 당시 재난지원금을 전 국민에게 지급하자고 하는 주장에 선거 논리가 개입돼 있었다는 것인가"라는 물음에 "일정 부분 그런 게 있었다. 포퓰리즘이 완전히 아니었다고 정치권에서 답변하기는 어렵다"고 답했다.

이에 따라 야당 윤석열 후보도 여당의 선거에 대비한 재난지원금 카드에 대항하는 카드를 마련해야 한다는 지적이 있다. 지난해 4·15 총선에서 야당은 여당이 살포한 재난지원금에 대하여 재정 운용상 국가채무비율 증가로 미래세대에 부담된다는 논리만으로 여당을 공격했지만 한계가 있었음을 알아야 한다.

이재명 후보 장남, 도박 넘어 성매매 의혹까지

여당 이재명 후보가 갑자기 튀어나온 '아들 리스크' 문제에 초고속 사과를 했다. 그는 장남의 불법 도박 의혹이 터지자마자 사실을 인정하며 초고속 사과를 한 데 이어 법적 처벌에 대한 책임까지 공언하고 나섰다. 민주당 선대위 내부에서는 이 후보가 좌고우면 없이 속전속결식으로 정면 대응하면서 리스크 불길을 조기에 어느 정도 차단했다는 자평도 나오지만, 장남발 대형 악재 돌발로 인해 윤석열 후보 부인 김건희 씨 리스크 돌출에 따른 반사이익을 제대로 누리지 못하고 있다는 점에서 고심이 커지고 있다.

더 나아가 장남을 둘러싼 성매매 의혹까지 제기되어 파문이 걷잡을 수 없이 확산하는 분위기여서 당혹감을 감추지 못하고 있다. 아들이 한 커뮤니티에 마사지업소 후기를 작성한 시점이 이 후보의 모친이자 자기 친할머니 발인 다음 날인 것으로 뒤늦게 알려지기도 했다.

이 후보는 여의도 당사에서 기자들과 만나 아들의 성매매 의혹과 관련, "저도 확인해 봤는데 성매매 사실은 없었다고 한다"고 밝혔다. 이어 "후기 내용을 봤을 때 성매매를 하지 않고 썼다기에는 수긍이 가지 않는다"는 기자들 질문에는 "저도 알 수 없는 일이긴 한데 본인이 맹세코 아니라고 하니 부모 된 입장에서는 믿을 수밖에 없는 상황"이라고 했다.

이와 관련해 선대위 관계자는 연합뉴스와의 통화에서 "어제 보도가 나온 이후 선대위 자체적으로 동호 씨가 활동했다고 하는 커뮤니티 글들을 일일이 스크리닝했다"며 "작성자를 알 수 없는 유흥업소 방문 후기 글을 아무것이나 퍼온 뒤 동호 씨가 작성했다는 주장도 여럿 있다"고 말했다.

민주당은 이번 사태의 파장을 예의주시하면서도 부인 김건희 씨의 허위 경력 의혹으로 똑같이 '가족 리스크'에 처한 윤석열 후보와의 차별화에 주력했는데, "윤석열 후보의 사과는 이재명 후보의 사과와는 대비되는 점이 많다. 이 후보는 여러 가지 사족을 달지 않고 깔끔하게 (사과)했다. 대통령 후보 가족에 대한 검증은 행사할 권한에 비례해 이루어져야 한다"면서 "후보의 배우자는 검증을 굉장히 세게 받아야 한다. 자녀도 검증은 해야 하지만 배우자만큼은 아니다"라고도 했다. 그리고 "윤석열 후보는 전두환 씨 문제만 해도 그때 뭐라고 했는가. 여론에 밀려 사과했는데 결국은 개사과 논란으로 끝났다. 김건희 씨 의혹에 대해 진심 어린 진정 어린 사과를 해야 한다"고 주장했다.

윤석열의 내로남불?

청년정의당 강민진 대표는 "민주당과 국민의힘 모두 조국 전 장관과 김건희 씨를 서로 비교하며 누가 낫네 하는 말씨름을 하고 있다.

기득권 양당의 내로남불 중단을 촉구한다"며 양당을 강하게 비판했다. 그는 윤석열 후보 부인 김건희 씨의 허위 경력 논란과 관련해 "김건희 씨의 잘못은 김건희 씨의 잘못"이라며 윤 후보와 국민의힘이 비호를 멈출 것을 촉구했다. 그러면서 "윤 후보와 국민의힘이 그의 잘못을 비호하고 나서면 이는 후보와 당의 문제가 된다"고 꼬집었다.

또 "윤 후보가 기자들에게 김씨의 경력 위조 문제에 대해 '공채가 아니었기에 문제없다', '과거는 시간강사를 어떻게 뽑았는지 취재해 보라'고 했다. 공채만 아니라면 경력 위조를 해도 된다는 뜻이냐"고 윤 후보에게 따져 물었다. 그리고 "모든 청년에게 경력 위조할 권리가 보장되지 않는 이상, 김건희 씨에게도 허위 경력을 기재할 권리는 없다"고 일갈하며 "윤 후보는 '내로남불'을 중단하라"고 하였다.

"김씨의 허위 재직증명서 논란과 관련해 국민의힘 측에서는 재직 기간에는 착오가 있었지만 해당 협회가 공식 출범 전에 활동한 것이어서 기록에 없을 뿐이라는 입장을 밝힌 바 있다. 그러나 해당 협회 당시 임원 명단 어디에도 김건희 씨의 이름은 찾을 수 없었고, 당시 재직한 회장이나 직원들도 김건희 씨가 일했던 기억이 없다고 언론에 증언했다"고 지적하면서, "국민의힘 측에서 내세웠던 해명이 거짓에 기초한 것이라면, 이는 당 차원에서 책임져야 할 일이 된다. 국민의힘은 더는 진실을 가리지 말고, 불공정과 범죄를 비호하지 않아야 한다"고 역설했다.

언론 보도에 김씨는 "믿거나 말거나 기억이 나지 않는다", "돈 보이려고 한 욕심이었다. 그것도 죄라면 죄"라고 입장을 밝혔다가 논란이 커지자, 다음 날 "사과할 의향 있다"며 사과했다. 이에 윤 후보도 "아내의 사과가 적절해 보인다"며 "국민께 송구하다"고 고개를 숙였다.

3. 제20대 대선은 여당이 5% 접고 가는 선거

양당 후보 지지율에 대한 시각

민주당 사람들은 이번 대선에 대한 확신이 별로 없는 듯이 보인다. 그것은 모든 여론조사에서 정권 교체를 바라는 국민의 요구가 아주 높다고 보기 때문이다. 물론 정권 교체를 희망하는 사람들이 곧바로 야당 후보를 지지하는 것은 아니지만, 어쨌든 마지막 투표장에서의 선택은 야권으로 흐를 가능성이 높다. 여기서 그 간극을 메우는 작업에 여당이 한 가닥 희망을 거는 측면도 있다.

나아가서 여당에 더욱 좋지 않은 부분은 현 정부의 무능과 실정에 대한 비판이 너무도 높다. 부동산 실정과 거대 여당의 오만과 독주 등에 따른 정권 교체 여론이 각종 조사에서 과반을 차지하고,

이재명 후보 개인의 비리 의혹과 가족사에 얽힌 심각한 문제들은 이미 한계점을 향해 가고 있다. 언론 보도에 따르면, 민주당 내 한 중진 의원이 "대선 여론 지형의 기본값이 '이재명 40% 대 윤석열 45%'로, 윤 후보가 5%포인트만 더 얻어도 승리하는 게임"이라며 "정말 쉽지 않다"고 지적했다고 한다.

그러나 한편으로는 여당에 아직 승산이 있다는 자신감 섞인 낙관적인 측면도 있다. 그것은 정책 추진 면에서 이 후보가 윤 후보에 비해 상대적 우위론이 있으며, 아직 본격화하지는 않았지만 윤 후보 부인 리스크가 도사리고 있다는 것이다. 이에 더해 소위 골든크로스라는 역전 찬스를 노리는 이 후보 측은 끊임없이 정책을 남발하고 있다. 물론 그에 따른 헛발질도 계속되고 있지만…. 특히 민주당 송영길 대표의 자살골은 일일이 열거하기에도 버겁다. "윤석열 후보의 부인은 집에서 남편에게 반말을 한다" 같은 지적은 실소를 금치 못하게 했다.

여당의 '경제 · 민생은 이재명' 인물론 강조

국민 여론의 불같은 정권 교체에 대한 여망 속에서 그래도 민주당에선 이 후보의 인물 경쟁력이 불리한 여론 지형을 넘어설 수 있는 동력으로 보기도 한다. 여론조사에서 "경제성장 및 일자리 창출 과제를 잘 해결할 후보가 누구냐"는 질문에 이 후보를 꼽은

응답자는 39.3%, 윤 후보는 26.9%였다. 이 후보에 대해 "대통령이 되면 국정 운영을 잘할 것"이라는 응답은 52.4%인 반면, 윤 후보는 41.7%에 그쳤다. 민주당의 한 정책통은 이에 대한 분석에서, "국정 운영 능력과 경제 능력 평가는 보수 후보가 언제나 진보 후보를 압도하는 경우가 많은데, 이는 이례적인 결과"라며 "이 후보가 연일 '경제·민생 대통령'을 강조하는 배경"이 여기에 있다고 말했다.

2012년 대선 때도 정권 교체론이 만만치 않았지만 집권 여당인 새누리당 박근혜 후보는 인물 경쟁력의 우위를 앞세워 당선됐다. 당시 경제 문제에 대한 후보 경쟁력을 묻는 여론조사에서 박 후보는 항상 1위를 기록했다. 다만 박정희 전 대통령의 딸로서 상징적인 위상을 공고히 하고 있던 보수의 아이콘으로서 박근혜 전 대통령은 경제민주화 같은 중도 성향의 정책도 과감하게 채택한 비교 불가의 우위 상황이었다.

또한 세대별로 보나 지역별 이념적으로 보나 여당 후보가 확실한 우위를 보이는 것은 40대뿐이고, 지역별로는 호남 외에는 우세 지역을 찾기 어려우며, 이념별로는 진보층 유권자가 점차 축소되는 분위기에 있기 때문에 여권 민주당의 절대 낙관은 금물이라는 지적이 우세하다. 결국 "현 여권인 민주당만 아니면 누구든 찍겠다"는 여론이 훨씬 많다는 것이다.

이렇게 기울어진 선거판에서 야권의 분열 양상과 대표와 후보 간의 간극은 차마 보기에도 민망하다. 다시 강조하거니와 이럴 때 필요한 것은 후보 본인의 드라마틱한 지사적인 행위일 것이다. 과거 YS나 DJ의 피를 뿜어내는 광장에서의 절규나 대국민 호소 혹은 단식투쟁 같은 과감한 선택이 필요한 시점이다. 오직 국민만 보고 가겠다는 단호한 결의가 지금 꼭 필요하다. 아무리 시대가 변하고 디지털시대가 왔다 해도 아직도 아날로그적인 가슴에 호소하는 터치는 여전히 유효하다고 생각한다.

윤석열-이재명 지지율 동반 하락

2022년 새해 벽두부터 지지율 조사로는 이재명 후보가 약진하여 지지율이 비슷하거나 역전하는 결과가 나오기는 했다. 그러나 크게 보면 민주당 쪽에서도 인정하듯이, 이는 이 후보가 올라간 것이 아니라 윤 후보의 지지율이 하락한 것이 주요 원인이다. 이 후보 측은 자신의 정책 우위에 기반한 지지율 역전 태세를 만들 것이라 믿어 왔다. 하지만 아들의 불법 도박 및 성매매 의혹이 확산되고, 유례없는 감염병 재확산으로 '방역 심판론'이 두드러지면서 지지율 상승 동력이 크게 꺾인 상황이 나타나고 있다.

물론 국민의힘 윤 후보 측도 부인의 허위 경력 의혹으로 비슷한 가족 문제지만 그 파급력은 이 후보의 문제가 더 크다는 결과가 나타난 것이다. 민주당은 이 후보 아들의 도박 및 성매매 의혹 파장에 민심 달래기에 전전긍긍하고 있다. 그러나 후보 부인의 허위 경력 문제는 후일 곧바로 영부인 문제가 될 수 있고, 부인 의혹은 윤 후보의 핵심 가치인 '공정과 상식'에 어긋나기 때문에 치명적이라 판단하고 있다.

민주당은 이러한 호기를 만나 집요하게 물고늘어질 것으로 보인다. 또한 민주당이 기대하는 것은 자식 문제는 부모도 어쩔 수 없는 것 아니냐는 동정심에 호소하는 양상이다. 지난번 미국 대선 때도 조 바이든 민주당 후보의 차남 헌터 바이든을 둘러싸고 마약 복용, 불륜 등 각종 추문이 불거졌으나 당락을 좌우하진 못했다.

그러나 이재명 후보의 경우는 크게 다르다. 아들의 문제로 끝나지 않고 후보 개인의 본질적인 문제로 직접 관통하고 있기 때문이다. 그간 이 후보가 '형수 욕설', '조카 살인죄 변호' 등 여러 가지 사생활 비판에 눈물로 사과하는 등 비호감·비도덕 이미지를 씻어내기 위해 갖은 애를 썼는데, 아들의 문제로 모든 노력이 한순간 물거품이 될 위기에 처한 탓이다. 게다가 장남이 온라인 도박사이트에 마사지업소 방문 후기를 남기며 성매매 의혹을 제기하더니, 여성 비하 댓글까지 남긴 사실이 폭로되면서 가뜩이나 이 후보의 취약 지대인 여성과 청년들의 반감이 커지고 있다. 이러한 사실들이 지지율에 직격탄을 날리고 있다.

코로나 프리미엄이 코로나 악재로

평론가들이 하나같이 예상하기로는 코로나 정국이 결국 여당에 커다란 악재가 될 것이라는 예측이다. 정부가 소상공인·자영업자에게 손실보상과는 별도로 100만 원의 방역지원금을 주기로 발표한 날, 신종 코로나바이러스 확산세가 갈수록 커지고 있다는 뉴스는 국민들을 엄청 불안하게 만들고 있다. 이는 정부의 '위드 코로나' 정책이 45일 만에 실패로 끝나면서, 그 후유증을 이 후보가 고스란히 넘겨받을 위기에 놓인 것이다.

지난해 4·15 총선 압승에 일등공신이었던 코로나가 이제는 역으로 역적이 되는 순간이다. 소위 '코로나 프리미엄'이 '코로나 위기'로 역전되었다. 한국갤럽 조사에서 정부의 코로나19 대응을 긍정적으로 바라본 응답자는 한 달 전과 비교해 13%포인트(57%→44%) 줄고, 부정 평가는 15%포인트(32%→47%) 급증했다. 정부의 방역 실패를 지적하는 압도적인 민심이 지배하고 있다는 것이다. 그렇기 때문에 이재명 후보는 이날 정부가 손실보상과 별개로 소상공인들에게 지급하기로 한 100만 원의 방역지원금을 "턱없이 부족하다"고 비판했다. 그는 앞으로 소상공인·자영업자 지원 대책을 밀고나갈 것이다.

1. 중도를 향해 이 후보는 우클릭, 윤 후보는 좌클릭

정책의 문제는 언제나 이율배반적인 양면이 존재하는데, 선거판의 최대 이슈인 중수청(중도·수도권·청년) 문제는 동시에 양극화라는 치명적이며 본질적인 문제와 충돌하게 된다. 중도층에 대한 양측의 집요한 공격, 부동산 문제의 진원지인 수도권, 우리나라 최초로 기성세대보다 잘 살지 못하게 된 청년 문제 등은 생각할수록 실마리를 풀기가 어려워진다.

작년에 우리나라 드라마 '블랙 독'을 보면서, 기간제 교사의 힘든 여정을 실감하였다. 보는 내내 우리 젊은 세대들에게 너무나 미안한 생각이 들었다. 젊은이들이 대학을 졸업하고 정교사가 되기 위해 몸부림치는 과정을 보면서, 우리 기성세대가 절절하게 반성해야 한다고 생각했다. 그만큼 어려운 문제다. 이 문제는 방치할수록 더욱 더 꼬이게 될 것이므로 모두 나서서 본격적으로 해결해야만 한다.

언제나 대선판에서의 핵심 승부처로 꼽히는 지점은 중도·수도권·청년이며, 양당에서는 그에 대한 선점 경쟁이 가장 치열하다.

이 후보와 윤 후보 모두 출발점인 당내 경선 과정에서 다른 예비 후보보다 강성 지지층의 지지를 많이 받았다. 그러나 본선에서는 어쩔 수 없이 이 후보는 우클릭, 윤 후보는 좌클릭으로 좌표를 수정해 중도층에 다가가려는 눈물겨운 노력을 경주하고 있다.

이 후보는 최태원 대한상공회의소 회장(SK 회장)을 만나 "기업이 자율적으로 혁신·성장할 수 있는 환경을 만드는 것이 정부의 역할"이라며 규제 완화를 언급한 데 이어 '중앙포럼'에서도 "금지하는 것 외에 나머지는 모두 허용하는 네거티브 규제로 대대적인 전환이 필요하다"고 강조했다.

최근에는 "우리 존경하는 박근혜 전 대통령께서"라거나 "박정희 전 대통령이 경부고속도로를 만들어 제조업 중심 산업화의 길을 열었다"는 식의 발언도 했다. 더 나아가 그토록 폄훼하던 전두환 전 대통령에 대해서도 경제는 잘했다는 식의 얼마 전 윤 후보를 공격하던 그 지점으로 다가서서 세상을 놀라게 했다.

윤 후보는 인물 영입을 통한 외연 확장에 초점을 맞춰 왔다. 김종인 총괄선대위원장, 김병준 상임선대위원장, 김한길 새시대준비위원장에 이어 호남 출신의 박주선 공동선대위원장을 영입하고, 여기에 금태섭 전 의원과 '조국흑서' 저자 권경애 변호사까지 합류하면 탈(脫) 진보 인사까지 아우르는 선대위를 구성하게 된다. 그리고 선대위 출범식에서 "당의 혁신으로 중도와 합리적 진보로 지지

기반을 확장하겠다"고 선언했다.

집값 폭등의 직격탄을 맞은 수도권 민심을 잡기 위한 경쟁도 벌어지고 있다. 이미 "대통령이 되면 종합부동산세(종부세)를 전면 재검토하겠다"며 보유세 완화정책을 내건 윤 후보에 맞서 이 후보도 최근 국토보유세 도입과 관련해 "국민들이 반대하면 하지 않겠다"고 물러섰다. 여기에 더해 최근 민주당에선 문재인 정부의 입장과는 다른 1주택자뿐 아니라 '다주택자 양도소득세 일시적 완화' 카드를 내놨다. 청와대와 정부의 입장은 절대 반대다.

2030의 마음을 확실하게 잡지 못하고 있는 두 후보는 필사적이다. 그 일환으로 30대 청년을 공동선대위원장급으로 영입하려다 양쪽 모두 부실 검증 논란을 자초하여 세간의 지탄을 받기까지 했다. 그래도 청년 인재 영입이나 청년을 위한 일자리 및 주택정책 개발은 국가정책적 측면으로 보나 대선 전략으로 보나 가장 핫한 문제다.

신율 명지대 교수는 중도와 청년의 표심에 대한 분석을 내놓았다. "선거 막바지가 될수록 중도층도 마음을 정한다. 대선 2, 3주전엔 대부분 마음을 정해 흩어진다"고 했다. 그는 "그렇게 되면 두 후보 간 지지율이 더 좁혀질 것"이라며 "실제로 이번에도 더 좁혀졌다"고 했다. 다만 2030세대는 여전히 부동층이 상대적으로 두터운 상황이다. 여론조사를 보면 "지지 후보를 바꿀 수 있다"고 답한

18~29세는 56.6%, 30대는 39.6%를 기록했다. 40대 17.8%, 50대 12.9%, 60대 이상 12%에 비하면 확실히 높은 수치다. 이 때문에 2030 부동층의 움직임이 선거에 지대한 영향을 미칠 것이라는 전망이 나온다.

이에 대해 신 교수는 "2030은 전형적인 '스윙보터'들이다. 스윙보터의 특징은 특정 정당이나 특정 정치인에 대한 충성도가 되게 낮은 것"이라며 "자기 이익을 중심으로 생각하기 때문에 언제든 바뀔 수 있다. 2030은 지금 지지한다는 식으로 응답했다가도 언제든지 또 바뀔 수가 있다"고 설명했다.

2. '보편적 복지'와 '선별적 복지'

그러나 중수청(중도·수도권·청년) 문제는 필연적으로 양극화 문제와 부딪치게 된다. 특히 우리나라는 비약적인 경제발전 과정에서 양극화 문제는 언제나 치명적인 약점으로 부각되어 왔다. 최근의 코로나19 사태는 이를 더욱 악화시키고 있어 국가적 당면과제가 되고 있다. 양 진영은 양극화 문제를 더 이상 방치할 수 없는 최대 현안으로 인식하고 있다.

김종인 전 위원장도 언론 인터뷰에서 "양극화 문제를 이대로 방치하면 사회적으로 도저히 용납할 수 없는 사태가 발생할지도 모르니까 다음 대통령이 처음부터 문제 해결에 노력하지 않으면 안 되는 아주 시급한 상황"이라고 강조했다. 이는 기본소득 논쟁과 직결되는데, '임기 내 전 국민에게 연간 100만 원씩 일괄 지급'을 목표로 하는 이재명 후보의 보편적 기본소득(Universal Basic Income)이 기본소득 개념을 선점한 양상이다.

하지만 국민의힘 강령 1조 1항의 기본소득은 보편적 기본소득과는 내용이 많이 다르다. 그것은 "모두에게 동일한 현금을 지급하는 것이 아니라 모든 국민이 기본적인 삶의 존엄을 보장받을 수 있도록 하는 각종 수단"(윤희숙 전 의원)이 국민의힘이 강조하는 기본소득의 개념이다. 이 후보의 기본소득이 '보편적 복지'의 극대화라면, 국민의힘의 기본소득은 '선별적 복지'의 연장선에 있는 것이다. 국민의힘 전신인 미래통합당 경제혁신위원회(위원장 윤희숙)가 과거 발표한 기본소득 개념도 '중위소득 50% 이하의 상대적 빈곤계층'을 지원해 빈곤을 없애는 데 방점이 찍혀 있었다.

이에 대해 기본소득을 대선정책 상위에 놓았다가 후퇴했던 이 후보는 "기본소득은 지금 당장은 강력하게 시행하지 못할지라도 미래 사회 언젠가는 반드시 해야 한다"고 강조하면서 "기본소득은 좌파 정책도 아니고 우파 정책도 아니다. 국민의힘 강령 1조 1항에 '기본소득 도입'이라고 써놓고 나를 비난한다"고도 했다.

그러자 윤희숙 국민의힘 전 의원은 "코로나 사태로 격차가 굉장히 심해졌기 때문에 대선에서 기본소득 논쟁은 피할 수 없을 것"이라며 "이재명 후보가 말하는 방식의 기본소득은 스웨덴 같은 복지 선진국에서도 단 한 번도 공적인 영역에서 테이블에 올라가지 않은 편중된 담론이다. 이 후보가 '억강부약'(抑强扶弱, 강한 자를 누르고 약한 자를 돕는다)을 하겠다면서 모든 국민에게 똑같이 나눠 주는 기본소득을 하자는 건 모순"이라고 주장했다.

3. 이재명 후보를 둘러싼 논란

'국민 모독'이라는 야당의 비판

이재명 민주당 대선 후보를 둘러싼 논란이 끊이지 않고 있다. 오죽하면 여권의 정치권 일각에선 '후보 교체론'까지 거론되는 실정이다. 그는 군산 신영동 공설시장에서 "제가 출신이 비천하다. 비천한 집안이라 주변에 뒤지면 더러운 게 많이 나온다"고 언급하며 최근 국민의힘이 '조카 살인 변호'를 놓고 자신을 공격한 일을 지적했다. 하지만 이 후보는 "제 출신의 비천함은 저의 잘못이 아니니 저를 탓하지 말아 달라"며 "진흙 속에서도 꽃은 피지 않느냐, 가진 것 없이 이 자리까지 왔다"며 가족의 일로 자신을 평가하지 말고 인간 이재명으로 봐 달라고 읍소했다.

그러면서 화전민이었던 부모님은 성남에 와서 아버지는 시장 화장실 청소부, 어머니는 화장실을 지키며 휴지를 팔았고, 큰형님은 탄광에서 일하다가 추락사고를 당해 다리를 잃었다는 애달픈 가족사를 이야기했다. 그리고 "국민들과 함께 진흙탕에서 뒹굴며 살아왔지만, 나라를 어떻게 운영해야 하는지 아는 검증된 저에게 마음을 열어 달라"고 호소했다.

이와 관련해 야당에서는 '국민 모독'이라고 강하게 비판했다. 이 후보가 조카의 살인사건 변론이나 형수 욕설, 친형 정신병원 강제 입원 등에 대한 논란을 출신 탓으로 돌리며 책임을 회피하고 있다고 지적하며, "가난하다고 형수에게 쌍욕하거나 살인자를 변호하지 않는다"고 반박했다.

특히 성일종 국민의힘 의원은 SNS에서 '가난하게 큰 사람은 모두 형수에게 쌍욕하고 조폭, 살인자를 변호합니까?'라는 제목의 글을 통해 "가난하게 크면 모두 이 후보처럼 사는 줄 아나. 두 번 다시 이런 궤변 늘어놓지 말라"면서 "비천했어도 바르고 올곧게 살며 존경받는 국민들을 모욕하지 말라"고 비판했다. 그리고 "지금 국민들이 문제 삼고 있는 것은 이 후보가 변호사가 되고 성남시장이 되는 등 성공의 결실을 거둔 후에도 행한 천박한 말과 위험한 행실에 법적·도덕적 책임이 없다는 것이냐"면서 "과거를 덮으려 애쓰는 모습이 더 비천해 보인다"고 했다.

후보 교체설까지

장성민 세계와동북아평화포럼 이사장은 페이스북을 통해 "벌써 여권 핵심부에서 이 후보의 장남 불법 도박사건을 '도박 게이트'라고 말한다"며 "이 후보를 더 이상 갈 수 없는 후보로 보고 낙마설이 갈수록 힘을 얻는 분위기다. 플랜B를 노리는 잠재적 후보들의 몸놀림도 빨라지고 있다"고 했다.

또 지난 민주당 경선에서 설훈 당시 이낙연 캠프 선대위원장이 이 후보의 '대장동 의혹'을 놓고 "도덕성 없는 후보는 본선에서 못 이긴다"고 발언한 상황이 되풀이되는 모습이다.

정치권에선 '후보 교체론'까지 거론됐다. 조카 살인사건 변호 논란이 일었던 당시, 김영환 전 과학기술부장관은 "후보 못해 먹겠다고 할 날이 얼마 남지 않았다. 후보 교체 가능성 있다"고 주장했다.

또한 이 후보 자격정지 가처분 소송을 추진하겠다는 움직임도 나타났다. 시민단체 스페이스 민주주의는 국회 정문에서 기자회견을 열고 "송영길 대표와 지도부는 원칙과 상식을 외면한 채 강령, 당헌, 당규를 위반하면서까지 부적격자인 특정인에게 경선 참여 자격을 줬다"며 이같은 사실을 밝혔다.

다만 후보 교체 가능성은 낮다는 분석도 나온다. 신율 명지대

교수는 "이 후보가 '도저히 못하겠다'고 사퇴하는 경우에는 가능하지만 당헌 당규상 (후보 교체는) 불가능한 일"이라며 "이 후보는 절대 후보 자격을 포기할 사람은 아니다"라고 말했다.

국민의힘 '내일이 기대되는 대한민국 위원회' 윤희숙 위원장은 이재명 후보를 향해 강한 비판을 쏟아냈다. "이 후보는 수단을 가리지 않고 살아남았지만 오래전에 정치적으로 사망했어야 할 만큼 법을 우습게 알고 있다"며 "인간적으로 너무 덜됐기 때문에 앞으로 현저히 나아지지 않으면 도저히 가망이 없고, 그때그때 임기응변으로 내지를 뿐 일관된 가치나 원칙은 도무지 없는 인물"이라고 혹평했다. 그리고 "그런 인물이 여당 대선 후보가 된 것은 그동안 우리 사회에 축적된 분노와 반목이 크다는 것"이라며 "그것을 해결하기보다 더 조장해 정치적 자산으로 이용해 온 세력이 승승장구했다는 것을 뜻한다"고 민주당도 함께 때렸다.

제6부
박근혜 전 대통령 사면의 정치학

1. 박 전 대통령 사면을 보는 시각

대선 정국으로 나라가 요동치고 있는 가운데 2021년 12월 24일 청와대의 비상카드가 나왔다. 그것은 국정농단사건 등으로 징역 22년을 확정받고 수감 중이던 박근혜 전 대통령에 대한 전격적인 특별사면·복권이었다. 구속된 지 4년 9개월 만이다. 문재인 대통령이 대선을 75일 앞둔 시점에 단행한 이번 사면 조치에 여야 양 진영은 물론 국내 정치 전반에 엄청난 충격을 주는 파장이 일었다.

국민의힘 윤석열 후보는 "우리 박 전 대통령의 사면은 늦었지만 환영한다"는 입장을 밝혔지만, 국민의힘 내부에서는 "야권 분열을 노린 술수"라는 강한 의구심이 표출됐다. 그동안 줄기차게 박 전 대통령의 사면을 반대해 온 민주당 이재명 대선 후보는 "국민통합을 위한 문 대통령의 고뇌를 이해하고 어려운 결정을 존중한다"

면서도 "지금이라도 국정농단의 피해자인 국민에게 박 전 대통령의 진심 어린 사죄가 필요하다"는 입장을 밝혔다. 박 전 대통령 사면에 거부감이 강한 여권 지지층의 반발을 의식한 발언으로 해석된다. 문 대통령도 사면권을 행사한 뒤 "사면에 반대하는 분들의 넓은 이해와 해량을 부탁드린다"면서 지지층을 달랬다.

국민의힘 내부는 더욱 심각했다. 사면된 박 전 대통령의 향후 움직임에 따라 지지기반이었던 대구·경북(TK)을 비롯해 전통적 지지층 일부가 이탈할 수 있는 상황이다. 이명박 전 대통령이 이번 사면 대상에서 제외된 점도 정치적 사면이라는 비판을 산 대목이다. 홍준표 의원은 "두 전직 대통령을 또 갈라치기 사면을 해서 반대 진영 분열을 획책하는 것은 참으로 교활한 술책"이라며 "반간계로 야당 후보를 선택하게 하고 또다른 이간계로 야당 대선 전선을 갈라치기 하는 수법은 가히 놀랍다"고 비판했다.

야권 일각에서는 "박 전 대통령이 사면 뒤 메시지를 통해 정권 교체에 방점을 찍을지, 윤 후보가 적폐 청산에 앞장선 부분에 방점을 찍을지에 따라 상당한 영향을 미칠 것이다"라고 했다. 윤 후보가 '탄핵의 늪'에 빠질 수도 있고, 반대로 '탄핵의 강'을 건널 교두보를 마련할 수도 있다는 것이다. 김종인 위원장은 "박 전 대통령 입장에서도 정권 교체에 대해 다른 입장을 가질 수 없기 때문에 그런 일은 일어나지 않으리라 생각한다"고 일축했다.

민주당 내에서도 "박 전 대통령 사면 복권, 역사적으로 잘못된 결정이 될 것" 혹은 "국민통합은 국민이 정의롭다고 판단해야 가능하다"는 비판이 나왔다. 이에 대해 청와대 관계자는 "선거와 관련한 고려는 일절 없었다"면서 "누구에게 유리하고 누구에게 불리할지 모르겠다"고 강조했다.

박 전 대통령은 이날 측근인 유영하 변호사를 통해 "어려움이 많았음에도 사면을 결정해 주신 문 대통령과 정부 당국에도 심심한 사의를 표한다"며 "신병 치료에 전념해서 빠른 시일 내에 국민 여러분께 직접 감사 인사를 드릴 수 있도록 하겠다"고 했다. 정치권에선 박 전 대통령이 예고한 대국민 메시지에 주목하고 있다.

2. 사면, 그들이 숨겨 놓은 부비트랩인가

이날 청와대 관계자는 "선거 관련 고려는 일절 하지 않았다"고 밝혔으나, 향후 정치적 파장은 작지 않을 전망이다. 과거 이뤄졌던 전·노 전 대통령 사면과 달리, 이번엔 대선을 68일 앞둔 시점에 박 전 대통령이 풀려났기 때문이다. 학계에서는 "이번 사면은 어떤 형태로든 내년 대선에 상당한 영향을 미칠 것"이라고 전망했다.

박 전 대통령의 사면이 주목받는 것은 그가 가진 보수 진영 내 영향력 때문이다. 박 전 대통령 지지층은 탄핵 2년 뒤에 열린

2019년 2월 자유한국당(국민의힘 전신) 전당대회에서 황교안 전 대표 등 '강성 친박' 지도부를 출범시킬 정도로 결집력이 강했다. 이들이 다시 움직이면 내부 갈등이 켜켜이 쌓인 국민의힘이 내홍에 빠질 가능성도 높다.

야권에서 특히 우려하는 건 박 전 대통령이 직접 대선에 개입하는 경우다. 만약 박 전 대통령이 윤 후보를 강하게 비판하면 강성 보수층이나 대구·경북 지지율이 빠질 수 있다. 반대로 윤 후보 지지를 호소하면 중도층 민심이 요동치게 된다. 한편 학계 일각에서는 "국민의힘이 탄핵의 강을 겨우 넘었는데 다시 분열의 늪, 탄핵의 늪에 빠지게 될 수 있는 이슈"라며 "(여권이) 마치 부비트랩을 숨겨 놓은 듯하다"고 평가했다.

물론 여당이라고 해서 마음을 놓을 수 있는 상황은 아니다. 당장 호남을 비롯한 핵심 지지층들의 술렁거림이 심상치 않다. 이날 사면 결정 발표 직후 당내 강경파로 꼽히는 김용민 민주당 최고위원은 "국민통합은 국민이 정의롭다고 판단해야 가능하다"며 공개적으로 반대 의견을 표출했다. 친여권 온라인 커뮤니티에서도 "내가 이러려고 촛불을 들었는지 자괴감이 든다"는 글이 올라왔다.

하지만 이재명 후보에 미치는 영향은 상대적으로 적을 것이란 분석이 우세하다. 이 후보가 "현실의 법정은 닫혀도 역사의 법정은 계속됨을 기억해야 한다"며 박 전 대통령의 사과를 요구하면서

문 대통령과는 어느 정도 거리 두기에 성공했다는 것이다. "이재명 후보가 건의한 게 아니지 않느냐"며 반발하는 지지층도 "대통령이 저렇게 물러서 되겠느냐"면서 이 후보와 무관함을 지적했다.

여론조사기관에서도 대체로 비슷한 반응이 많다. 이번 사면이 주로 박 전 대통령의 건강 문제이기 때문에, 사면을 안 했으면 외려 보수층이 결집하거나 중도층 내 동정 여론이 퍼졌을 것이지만, 여야 후보에게는 다소 차이가 있을 수 있다는 관측이다. 즉 "윤 후보는 '탄핵의 강' 이슈가 다시 떠오르면 최대 7~10%포인트까지 손해를 볼 수 있지만, 이 후보의 타격은 많아야 3~5%포인트에 그칠 것"이라고 여당에 유리할 것으로 전망했다.

다만 한편에선 이번 사면 결정의 전략적 측면이 엉뚱하게 부각되면 역풍이 불 수 있다는 전망도 나온다. 그것은 최근 윤석열 후보가 온갖 악재와 실수로 지지율이 급락하는 상황에서, 이번 사면은 역으로 상황을 역전시켜 국면 전환으로 갈 수도 있는 것으로도 보인다. 박 전 대통령 사면이 교묘하게 야권을 흔들기 위한 책략일 수 있다는 정권의 의도가 부각되면 오히려 보수 진영이 결집하는 계기가 될 수도 있을 것이다.

제7부
부정선거의 망령들

1. 부정선거의 진실은 무엇인가

선거 때마다 제기되는 부정선거에 대한 경고와 고발들을 바라
보는 우리 국민은 착잡하기만 하다. 진실은 무엇일까? 우리 국민
을 우울하고 고통스럽게 만드는 부정선거의 망령들은 대체 어떻게
어디서 나오는 것일까?

사실 현 정부도 이로부터 자유롭지 못하다. 문재인 정권은 2017년
5월 대선 때 드루킹 댓글 조작을 통해 광범위한 부정선거를 자행
했다는 선고도 받았고, 김경수 전 경남지사가 구속된 바가 있다.
또한 2018년 6월 지방선거 때는 송철호 울산시장을 당선시키기
위해 청와대 주도로 정치공작을 했다는 혐의를 받고 있다.

대법원 3부(재판장 이흥구 대법관)는 공직선거법 위반 혐의로 기소

된 4·15 총선 개표참관인 모씨에게 징역 1년 6개월을 선고한 원심을 확정했다. 모씨는 지난해 총선 당일 경기도 구리선거관리위원회가 체육관에 별도로 보관 중이던 가방에서 잔여 투표용지 중 6장을 꺼내 민경욱 전 자유한국당 의원에게 넘긴 혐의로 1,2심에서 유죄를 선고받았다. 대법원이 판결문에서 "원심의 판단에 법리를 오해한 잘못이 없다"며 검찰과 모씨 양측 상고를 모두 기각함에 따라 4·15 부정선거 주장의 단초가 된 투표지 탈취사건은 선거 1년 8개월 만에 모씨 유죄로 마무리되었다.

앞서 서울고법은 모씨에 대해 "정치적 표현의 자유는 정치적 이유로 사실을 허위로 작출하는 것에 대한 자유까지 포함하지 않는다"고 판시했다. 선관위 관계자는 "이미 재판부가 '투표용지 6장이 아니라 선거의 공정성, 그리고 그것으로 뒷받침돼야 할 공권력에 대한 신뢰, 자유민주주의제도 그 자체를 탈취했다'고 판단했는데도 의혹은 날로 더해지고 있다"고 우려했다.

이 사건이 의미하는 바는 무엇일까? 2018년 6·13 지방선거에서 민주당은 싹쓸이 수준의 승리를 했고 2020년 4·15 총선에서도 과반을 훨씬 상회하는 180석이라는 엄청난 압승을 거두었다. 많은 사람들은 이 두 번의 선거에 대해서 지금까지도 부정선거의 의혹을 떨쳐 버리지 못하고 있다. 정치권에선 4·15 부정선거를 주장하는 일각의 목소리가 여전히 사그라들지 않고 있다. 4·15 부정선거 국민투쟁본부 등 일부 단체들은 연일 서울 강남역 일대에서 부정 선거 규탄 집회 및 행진을 하고 있다.

이러한 단체들의 부정선거 의혹 주장을 보면 여러 가지가 있다. 몇 가지 사례를 보면, '일장기 투표지'가 있는데 투표관리관 도장이 뭉개져 색이 꽉 찬 빨간 원으로 보인다는 뜻이다. 투표관리관 도장이 뭉개진 투표지는 아무도 보지 못했다. 그러니까 가짜 투표지라는 게 부정선거 의혹을 주장하는 측의 논리다.

4·15 총선 인천 연수구을 (사전)투표용지 수작업 재검표 때 대법원이 뭉개진 도장 투표지 일부를 기존과 달리 판단해 279표의 오차가 나오기도 했다. 또한 최윤희(오산) 후보가 선관위를 상대로 낸 선거무효소송에 대한 대법원의 검증 기일 오전, 경기도 수원시 영통구 수원법원종합청사에서 검표원들이 증거 보전해 놓은 투표함에 대한 검표에 대해서도 선관위는 "투표관리관 도장을 잉크 충전식 만년인(자동스탬프 기능)으로 제작·사용했으나 불량으로 잉크가 과다 분출되거나, 만년인을 스탬프에 찍어 사용한 경우 뭉개지는 현상이 발생한다"고 설명했다.

앞서 대법 재검표 당시에도 선관위는 "투표관리인 도장이 식별 불가능하게 찍혔더라도 대법원 판례에 따라 유권자의 의사가 명확하면 유효표로 처리했다"고 해명했다. 결국 그것은 단순한 과실의 확대해석이라는 게 중앙선관위 측 설명이다. 중앙선관위에 따르면 일장기 투표지, 배춧잎 투표지, 인구수보다 많은 투표자수, 빳빳한 투표지, 좌우 여백 비대칭 투표지, 자석 투표지 등 지금까지 제기된 주요 의혹 대부분이 투표관리관 및 사무원의 부주 또는 실수였다고 판단하였다.

좀 더 자세하게 살펴보면, '배춧잎 투표지'(지역구 투표지와 비례대표 투표지 인쇄가 일부 겹친 사례)의 경우도 투표지 교체 흔적은 전혀 아니라고 한다. 선관위 관계자는 "투표사무원이 선거인에게 투표용지를 빨리 교부하기 위해 지역구 투표지가 완전히 배출되지 못한 상태에서 발급기 배출구 쪽에 손을 대고 당기면 비례대표 투표용지 앞부분이 겹쳐 인쇄되는 경우가 생긴다"고 밝혔다.

파주시 을 진동면 개표 결과 인구수(159명)보다 투표자수(181명)가 22명 많은 걸 두고 '유령표 부정선거'라는 주장도 나왔다. 이에 대해 선관위는 "진동면 사전투표소에서 투표한 114명 중에는 인근 다른 읍·면·동에 거주하는 파주시 을 선거인이 일부 포함됐다"면서 여기에 당일 투표자 67명을 합친 결과"라고 해명했다.

강원 철원군 근북면, 경남 창원시 마산합포구 가포동 등 다른 지역에서도 비슷한 사례가 발생했다. '빳빳한 투표지'나 '좌우 여백 비대칭 투표지' 역시 "투표지 인쇄와 개표, 보관 과정에서 자연스럽게 발생한 현상으로 누군가 의도를 가지고 부정을 저지르는 건 상식적으로 가능하지 않다"는 게 선관위의 해명이다. 일각에서는 개표된 투표지 여러 장에 접착제(본드)가 붙은 걸 '자석 투표지'라고 부르지만 선관위 측은 "개표 때 쓰는 집계전(후보별 득표수 정리 용지) 다발 상단 접착제가 떨어져 나와 붙은 것"이라고 설명했다.

2. 부정선거에 대한 야당 국민의힘의 시각

국민의힘 대선 레이스에서는 자연스럽게 2020년 4·15 총선에 대한 부정선거 의혹이 등장했다. 황교안 전 대표가 부정선거 가능성을 굳게 믿는 일부 지지층을 겨냥하며 의혹에 불을 지핀 것이 시작이다. 당내에선 부정선거 의혹이 재거론 되는 것 자체가 외연 확장 노력을 반감시킬 수 있다는 우려가 나오기 때문에 거부반응을 보였다.

황 전 대표는 당내 경선 과정에서 4·15 부정선거 문제를 집중적으로 제기했다. 자신이 당대표일 때 총선 참패에 대한 반전을 모색하고 일부 보수층의 표심을 결집시키려는 의도로 분석됐다. 황 전 대표는 예비경선 2차 토론회에서도 "대법원이 주관한 재검표 때 실제로 불법 투표지들이 나왔다"면서 부정선거 주장을 이어갔다.

부정선거 의혹에 유력 대선주자들이 연이어 호응하면서 '극우 태극기 세력'과 거리두기로 중도 확장을 목표로 하는 국민의힘 내부에서는 다분히 불편한 기색이 완연했다. 이준석 대표도 취임

100일 기자회견에서 "부정선거 심판 등 비과학적 언어로 선거를 바라보는 사람이 늘어날수록 정권 교체는 요원해진다"고 강조했다. 윤석열 후보나 최재형 전 원장 모두 경선 득표전략으로 부정선거 주장에 호응하고 있지만, 이준석 체제 이후 들어온 신입 당원 15만 명에게 부정선거 캠페인이 먹힐 가능성도 낮다.

한 캠프 관계자는 "이준석 대표의 당선도 당원들의 전략적 선택 아니었나. 부정선거 주장이 보수 우파를 겨냥한 전술적 접근으로 보이지만, 당심을 읽는다면 좋은 수는 아니다"라고 말했다. 이렇게 이준석 대표를 비롯한 다수의 대선주자들은 비과학적인 주장이라며 선을 그었지만, 윤석열 후보에 이어 최재형 후보까지 공식적으로 부정선거 가능성에 호응하고 나섰다. 경선이 치열하게 전개되면서 '태극기 당원'이라도 끌어안겠다는 계산이었지만, 자칫 부정선거의 덫에 빠져 소탐대실할 수 있다는 당내의 우려도 나왔다.

최재형 전 감사원장은 페이스북을 통해 "4·15 선거 관련 일부 선거구의 선거소송 검증 과정에서 비정상적 투표용지가 상당수 발견되었고 무효처리됐다"면서 부정선거 의혹에 힘을 실었다. 그는 판사 시절 지역 선거관리위원장을 맡았던 경험을 내세우며 "저의 경험상 무효표는 대부분 기표자의 행위에 의해 발생한다. 그런데 이번 검증 과정에서 무효처리된 투표용지들은 기표자에 의한 것이 아님이 명백하다"고 했다. 대법원이 민경욱 전 미래통합당 의원이 낸 선거 무효소송에서 '조작된 증거가 없다'는 결론을 내렸지만 최 전 원장은 거듭 의혹을 제기했던 것이다.

국민의힘 경선과정에서 홍준표 의원과 치열한 선두다툼을 벌인 윤석열 후보도 지난 첫 경선 TV토론에서 "부정선거 주장에 어떤 입장이냐?"는 황 전 대표의 질문에 "부정선거 주장이 제기된 뒤 의문은 가졌다. 정상적이지 않은 투표지라든지, 선거관리위원의 이름이 이상하다든지 말씀을 하셨는데, 바쁘게 움직이다 보니 그 부분에 대해 신경을 쓰지 못했다"며 관심을 보였다.

그러나 원희룡 전 제주지사는 "자꾸 믿음의 영역으로 부정선거 문제를 제기하고 몰고 가면 결국은 정권 교체에 바람직하지 않다"고 했고, 홍준표 후보는 "이 문제는 황(교안) 대표가 결정하고 대응하는 게 맞을 것 같다"면서 의혹을 일축한 대선주자들과는 확연히 다른 태도를 보였다.

3. 4 · 15 총선 인위적 개입 가능성 있다

4 · 15 총선에서 민주당 중심의 범여권은 183석(더불어민주당 163, 더불어시민당 17, 열린민주당 3명), 제1야당(지금 국민의힘)은 103석(당시 미래통합당 84, 미래한국당 19명)을 얻었다. 선거 직전 유시민이 예측

했다는 '야당 180석'의 정반대였다. 낙선한 야당 후보들의 선거 무효소송이 잇따랐고, 일 년을 더 넘겨 재검표가 시작됐다. 압승 후 민주당은 다수결 연쇄 입법 폭거를 밥먹듯이 했기 때문에 야당의 부정선거 의혹 제기는 줄을 이었다.

이에 대해 서울대 박성현 통계학과 명예교수는 4·15 총선 한 달 뒤 언론 인터뷰에서 지역구 253곳의 당일·사전선거 데이터를 모두 살펴봤다며 '인위적 개입 가능성'을 배제하지 않았다. 통계학회장, 과학기술한림원장을 지낸 그는 이번 총선 결과에 "통계학 관점에서 확실히 일어나기 어렵고, 신(神)이 미리 그렇게 해 주려 작정하지 않고는 일어날 수 없는 결과였다"면서 부정선거의 가능성을 시사했다. 그리고 "선관위가 박빙 선거구 세 곳을 재검표해 의혹을 불식할 책임이 있다"고도 지적했다.

부정선거 의혹 제기는 필연적으로 국회 내에서 여당의 입법, 폭주에 대한 경고와 대선 후보 선출과정에서의 문제점을 지적하는 목소리가 크게 나왔다. 조국흑서 공동저자 권경애 변호사는 송영길, 우상호, 이인영 등을 겨냥해 이런 말을 했다. "개떡 같은 선배 정치인들아, 혁명을 논하고 평등한 세상을 갈망하고 동지들의 분신을 잊지 말라고 했던 귀착점이 꼴랑 땅투기 사기꾼들과 영합해 정치력 조직 세력을 확장한 이재명인가…" 하고 참담한 심경을 토로하며 일갈했다.

2021년 11월에는 "10가지만 바꾸면 선거가 바뀌고 나라가 바뀝니다"라며 아예 4·15선거를 부정선거로 규정한 책(《4·15 부정선거 비밀이 드러나다》, 김형철)이 나와 눈길을 끌었다. 그 내용은 사전 투표는 폐지하고 당일투표를 2일로 늘린다, 투표함 이동을 금지하고 투표한 곳에서 개표한다, 투표인원만 잘 세어도 부정선거 절반은 막는다, 우편투표는 우정사업본부장이 책임져라, 임시 선거사무소를 폐지한다, 투·개표 사무는 대한민국 국민이 맡는다, 선거관리위원회와 선거소송 관장 기관을 분리한다, 선거 여론조사 결과 발표를 금지한다, 선거후 감사(Post Election Audit) 제도를 도입한다, 너무 바쁜 중앙선거관리위원회의 업무를 덜어준다 등 부정선거를 예방하기 위한 10가지 방책을 제시했다.

얼마 전 국민의힘은 인터넷 포털에서의 댓글 이상행위를 추적 분석하는 '크라켄'을 개발했다고 밝혔다. 여론조작과 민심왜곡을 거의 완벽히 잡아내는 자동감지프로그램으로, 2017년 대선의 충격적인 드루킹 사건 같은 부정선거 재발을 막겠다는 것이다. 김경수 등 일부 민주당원과 드루킹 일당이 2016~2018년 포털 기사 7만6,000여 건의 댓글 118만8,000여 개에 모두 8,840만여 차례 추천, 반대 클릭 신호를 보내 댓글 순위를 공모 조작한 것에 대한 방어작업의 일환이라는 것이다.

제8부
대선 모라토리움 전야

과연 대선을 무사히 치를 수 있을까?

1. 여권발 황당한 장기집권론

장강의 뒷물결이 앞물결을 치고 나가듯 역사의 강물은 도도히 흐른다. 그토록 힘들기만 했던, 그래서 도저히 지나갈 것 같지 않던 우리 대한민국의 시간도 흘러간다. 현 정권이 들어선 다음 해에 전 여당 대표라는 사람이 이렇게 선언했다.

"최소 20년 이상 민주당 정권을 이어가야 한다."

그는 "적어도 20년 이상 4~5번 계속 집권해야 정책이 뿌리내려서 정착되는 것이고, 오랜만에 집권했는데 계속 집권해야 한다"고 말했다. 그리고 지난번 대선 기간에도 한 유세장에서 "이번에 문재인 후보가 대통령이 되면 다음에 기라성 같은 사람들이 많다"
며 "안희정, 이재명, 박원순 이런 사람들이 이어서 쭉 장기집권을
해야 한다"고 말했다. 그 뒤를 이어 추미애 민주당 전 대표도 "현
대화된 플랫폼 정당을 통해 100년 정당을 만들겠다. 최소 20년 이
상 연속 집권을 목표로 하겠다"며 장기집권론을 날렸다. 여권의 한
인사가 "골프하고 정치(선거)는 고개를 드는 순간 망한다"고 했듯이
20년 장기집권론은 너무도 황당한 얘기였다.

일반 국민들은 대통령 한 번 바뀌는 게 의미하는 것이 무언지,
정권 한 번 교체하는 것의 그 엄청난 의미를 지난 시간을 통해 너
무도 절실하게 깨달았다. 두 번 다시 실수해서는 안 된다는 것
도 깨달았다. 이는 전 세대에 걸친 국민 모두의 인식으로서 과거
와 같은 5060과 2030세대 간의 세대 간 인식차가 아니라 전 세대
에 해당하는 것이다. 정치평론가들은 말한다. "양쪽 다 안 된다"는
양비론은 너무도 편리한 현실도피이며, 이에 매몰되면 하나마나한
평론이 된다. 누구든 과감히 뛰어들어 변화를 이끌어 낼 수 있다
면 비로소 의미 있는 현실정치가 된다.

한국에는 세 부류의 사람이 있다고 한다. 첫째, 현 정권에 대한
분노와 실망감에 가득 차서 현 대통령 지지율이 여전히 40%나 된
다는 사실을 절대로 믿지 못하는 사람, 둘째, 박근혜 전 대통령이

탄핵당하고 감옥에 갇혀 있는 상황에서 여전히 원조 보수세력 국민의힘을 지지하는 사람이 아직도 많다는 사실에 놀라는 사람, 셋째, 이쪽이든 저쪽이든 양쪽 세력이 아직도 사사건건 대립하고 있는 사실에 놀라는 사람 등이다. 항상 그렇듯이 이번 대선은 세 번째 중도세력의 마음을 얻는 당이 이길 것이다. 이것을 두고 우리는 외연을 확장한다고 표현한다.

중도 성향의 김종인 위원장의 추천으로 국민의힘 선대위에 참가한 금태섭 전 의원이 그 대표적인 인사가 될 것이다. 그의 입장 정리가 이번 대선을 대하는 중도층의 의견을 잘 말해 주고 있다. 민주당 지지자들은 "아무리 그래도 탄핵당한 국민의힘을 지지할 수 있느냐" 하고, 국민의힘 지지자들은 "지금 문재인 정부가 하는 것을 봐라, 어떻게 다시 정권을 내줄 수 있느냐"고 한다. 중도층이 정권 교체로 가느냐, 정권 재창출로 가느냐가 선거 승패를 결정한다고 하지만, 정작 중도층이 듣는 이야기는 "우리 말고 저쪽이 더 나쁘다"는 말밖에 없다. 무언가 새로운 이야기는 전혀 없다. 그러니까 정치혐오증, 정치기피증이 생기는 것이다.

문제는 어떤 비전을 가지고 투표하기보다는 "이 정부가 싫어서 정권 교체 쪽에 투표하겠다"거나 "부동산 문제를 잡는 쪽에 투표하겠다"는 계층이 대다수다. 결국 이번에도 중도층을 확실하게 잡아서 진영논리를 깰 수 있는 당이 대선의 승자가 되는 것이다.

정부 여당의 초조감과 공포심

요즘 정부 여당의 움직임을 보면 지지율이 훨씬 떨어지는 야당보다 오히려 더 초조감이 묻어나는 것 같다. 어떻게 보면 공포심마저 느끼게 된다. 만약 저러다가 대선일 얼마 남기고 여당의 지지율이 곤두박질쳐서 지지율이 급락하게 되면 어떻게 될까? 그토록 자신하던 여당이 대선 패배를 어떻게 감당할 수 있을까? 과연 선거가 온전하게 치러질 수 있을까? 많은 상념이 머리를 스친다.

그래서 몇 가지 상상을 해 본다. 여당 지지율이 급락하고 국내외 정세가 급변하면 어떻게 될까? 그야말로 생각하기도 싫은 끔찍한 소설 수준의 이야기지만 한 번쯤 생각해 볼 문제다. 제8부에서는 긴박한 국제 정세와 대선 국내 상황을 고려한 가상의 이야기를 잠깐 하기로 한다.

새해 벽두를 맞이하여 국내외 정세는 대선 모라토리움(유예 혹은 일시중단)을 향한 모든 여건을 충족시켜 주고 있다. 이제 정부 여당의 마지막 선택만 남았다. 여권의 극소수 주요 인사들은 공을 넘겨받고 결심할 일만 남았다. 제20대 대선 모라토리움이 전격적으로 선포되기 직전이다. 정권을 넘겨주면 다같이 죽는다는 극단의 공포심에 휩싸인 정부 여당은 여러 차례 구수회의 끝에 대국민 특별담화문을 통해 대통령선거 모라토리움, 즉 대선 잠정유예를 선포하기로 결심한다.

그동안 새해 벽두부터 몰아친 세계 정세와 북한의 수상한 움직임으로 세계 뉴스의 초점은 동북아와 대만해협에 집중되어 왔다. 그것은 작년 내내 계속된 중국의 대만해협에서의 군사행동과 러시아의 우크라이나 침공설로 조성된 전쟁 분위기 때문이다.

그리고 이러한 국제 정세 속에서 호기를 놓칠 수 없는 북한의 도발이다. 새해 들어 북한군은 휴전선으로 급격한 대이동을 시작하고, 중국의 동북아 군단 미사일 부대의 움직임과 북한 영변 미사일 부대의 움직임은 미국을 자극하기에 충분했다. 중국과 북한의 대륙간탄도탄 핵미사일은 이미 미국과 한국을 향해 발사 준비를 마친 것으로 포착되었고, 미국은 2차대전 이후 처음으로 전시상태를 의미하는 데프콘3를 발동하여 전 미군에 비상준비태세를 가동했다. 거기에 설상가상으로 험악해진 국내 상황의 변화로 인한 지지율 변동은 정부 여당을 공포로 몰아넣기에 충분했다.

2. 대선 모라토리움을 주장하는 사람들

국제 정세는 쓰나미처럼 몰려와 대한민국을 일거에 쓸어 버릴 기세로 몰아쳐 오고 있다. 중국의 대만해협에 대한 군사행동과 러시아의 유럽에 대한 천연가스 공급 중단과 연이은 우크라이나 침공은 최대 우방인 미국의 선택을 강요할 것이고, 수상한 북한의 움직임은 70여 년 전 끔찍한 민족의 비극 6·25의 상황과 아주 흡사하다.

그러나 이러한 국제 정세의 움직임은 국내 정세에 비하면 그래도 숨 돌릴 여유는 아직 조금 남아 있다. 국내 대선 판세는 실로 험악하기 그지없다. 잘 흘러가고 있던 대선 흐름은 갑작스러운 돌출 변수로 인해 한치 앞도 내다볼 수 없을 정도로 혼란과 난맥상 그 자체로 빠져들어 가고 있다. 그동안 정치평론가들의 교언영색으로 여론의 향방을 어느 정도 돌려놓는 데 성공하였고, 도저히 따라잡을 수 없을 정도로 불리하던 지지율은 야당 대표 등의 돌발 행동과 내부 총질로 야권의 지중지란을 불러일으켜 많이 호전되고 있었다.

그러다가 갑자기 대장동 핵심 관련자들의 잇단 죽음과 여당 후보 아들 문제 그리고 대장동과 백현동 등의 진실이 점차 보도되고, 특히 공수처의 통신 사찰 문제가 불거지면서 여론은 갑작스럽게 험악하게 돌변하였다. 그리고 야당 윤석열 후보가 강경노선으로 태도를 바꾸면서 급격하게 지지율이 출렁이자 여권으로서는 도저히 감당하기 어려운 상황으로 치닫게 되었다.

윤석열 대선 후보는 공수처의 통신 사찰 문제에 대하여 극도로 분노하여, "김진욱 공수처장은 사표만 낼 것이 아니라 당장 구속수사해야 하는 거 아니냐"면서 "50~60년 전 일도 아니고 도대체 지금이 어느 때인데 이런 짓거리를 하고 백주 대낮에 거리를 활보하느냐. 저와 제 처, 제 처의 친구들, 심지어 제 누이동생까지 (공수처로부터) 통신 사찰을 당했다. 이거 미친 사람들 아니냐"며 공수처를 거세게 비판했다.

그리고 "의원 보좌관만 사찰해도 원래 난리나는데 심지어 우리 의원들 단톡방까지 털었다. 그럼 다 열어본 거 아니냐, 이거 가만 놔둬야겠냐"고 거듭 목소리를 높였다. 나아가 "이 정권이 경제와 국가 안보·외교를 전부 망쳤고 자유민주주의라는 헌법에 못박혀 있는 국가 정체성도 뺏어 버렸다. 정말 눈뜨고 볼 수 없는 이런 정권을 보는 국민의 정신건강을 이제라도 편안하게 해 드리기 위해 제가 분골쇄신 뛰겠다"고 했다.

그리고 여당의 이재명 후보에 대해서는 "제가 확정적 중범죄자라고 표현하는 이런 사람을 대통령으로 내서야 되겠느냐"며 "돼서도 안 되지만 이런 사람을 대통령 후보로 내세우는 정당은 뭐하는 정당이냐"고 비난했다. 그러면서 "아침에 하는 말 다르고 저녁에 하는 말 다른 사람과 선거를 치른다는 것이 참 부끄러운 일"이라며 "이 후보와 민주당의 정치는 '어음정치'인데 결제되는 걸 보지 못한 믿을 수 없는 부도어음"이라고 비판했다. 이 후보의 '전과'에 대해서는 "뭐 과거에 실수했다고 치고 전 그 정도는, 전과 4범까지는 국민은 용서 못해도 과거의 실수라고 이해할 수 있다"면서도 "이런 중범죄로 얻은 돈을 대통령을 만드는 데 쓴다는 것은 삼척동자도 다 아는 이야기"라고 말했다.

결국 정부 여당은 지금 상황으로는 대선을 무사히 치르기 어렵다고 보고 있었다. 국제 정세와 국내 정세 어느 것 하나 온전한 것이 없었다. 국민들은 불안감으로 두려워하고 언제 닥칠지 모르는 전쟁의 공포는 정상적인 일상을 기대하기 어려웠다. 정부 여당 내에서는 모든 상황을 고려해 볼 때, 이렇게 국제적·국내적으로 핀치에 몰려 있는 상황에서 대선 모라토리움을 강력하게 주장하는 목소리가 점점 커져만 갔다.

이것이 의미하는 것은 무엇일까? 일각에서는 북한의 움직임에 따라 즉각 계엄령을 선포해야 한다는 목소리도 나오고, 한반도를 둘러싼 국제사회의 쓰나미가 물러갈 때까지 대선을 유보하는 모라토리움을 선포해야 한다는 목소리도 나왔다. 어느 것을 선택하든 대선이 정상적으로 치러진다는 것은 불가능한 상황이 되었다. 여야 모두 원치 않는 정국이 펼쳐지고 있는 것이다. 다만 야당은 여권의 움직임에 비상한 의구심을 가지고 바쁘게 돌아가고 있었다.

뿐만 아니라 미국 내 정치권이나 언론의 향방에도 촉각을 곤두세우고 있었다.

그런 와중에 미국의 CNN은 중국과 북한의 움직임이 연일 심상치 않다는 긴급 뉴스를 내보냈다. 그것은 중국의 동북아 군단이 보유한 핵미사일 부대가 북한 접경지대로 이동 중이며, 북한 영변 핵미사일 부대의 개폐장치가 열리고 핵탄두의 이동도 포착되고 있다는 뉴스였다. 실로 전쟁의 움직임은 거의 확실시되고 있었다.

이러한 움직임은 6·25 휴전협정 이후 처음이었다. 그동안 북한과 중국은 구두로만 협박성 발언을 해댔지 실제적인 군사행동은 미미했었다. 이번처럼 구체적이고 확실한 군사행동은 처음이었다. 더군다나 핵미사일 이동 같은 미국이 가장 신경쓰고 있는 중대한 무기에 의한 위협은 처음이었다. 이에 미국 또한 상응한 사전 대응조치를 할 수밖에 없는 상황이었다. 주한미군과 미 태평양사령부는 즉각 데프콘3 조치를 취하고 실전 준비에 돌입하고 있었다.

중국과 북한 그리고 한국과 미국 그리고 일본 모두 전쟁 준비 상태에 돌입한 초긴장상태가 조성되고 있었다. 국제사회는 연일 한반도를 둘러싼 전쟁을 예고하고 있고, 한국의 YTN과 미국의 CNN은 전쟁 예상 긴급뉴스를 타전했다. 곧 다가오는 대선판은 격렬하게 흔들렸다. 과연 대한민국은 제20대 대선을 무사히 치를 수 있을까?

3. 사생결단의 대선판

현재 우리의 초미의 관심은 2022년 3월 9일 예정된 '대선을 무사히 치를 수 있을까'다. 국내에서는 대장동으로 촉발된 여야의 격돌은 거의 준전시 상태의 위험요소를 내포하고 있고, 여야는 치킨게임의 양상으로 죽기 살기 식의 혈투를 벌이며 선거 결과에 따라 어느 한쪽은 사형선고를 받는 것과 같은 상황이 예견되어 있는 것이다. 3월 9일 이후 어느 한쪽은 죽는다. 따라서 양쪽 진영은 사생결단의 각오로 전쟁을 치를 수밖에 없다.

그런 와중에 놀랍게도 대장동 개발의 키맨이자 주요 실무진 두 사람이 열하루 간격으로 목숨을 끊었다. 성남도시개발공사 김문기 처장이 성남도시개발공사 유한기 본부장의 뒤를 따라 자살했다. 이어지는 죽음 앞에서 여야는 물론 국민들도 아연실색했다.

대장동 일타강사를 자처하는 원희룡 야당 선대위 정책총괄본부장(전 제주지사)은 페이스북을 통해 "대장동 개발의 주요 실무진들인 성남도시개발공사 유한기 본부장의 죽음, 김문기 처장의 자살, 유동규 본부장의 자살소동, 도대체 몇 사람을 죽음으로 몰아 진실을 덮으려는 거냐?"라며 "몇 사람 죽음으로 몬다고 결코 진실을 덮을 수는 없다"고 했다. 누구를 향한 외침인지는 아무도 모른다. 오직 당사자만 알 것이다.

무위로 끝난 '후보 교체론'

무엇보다 여권의 당혹감은 매우 커 보였다. 정의를 바로 세우 겠다는 약자들의 촛불로 세워진 정권 아니던가? 누구도 경험해 보 지 못한 나라를 세우겠다고 공언한 정권 아니던가? 여권은 당혹감 을 넘어 거의 패닉 상태에 이르렀다. 대선 필패는 거의 확실해 보 였다. 아무리 야권의 상황이 선대위에 파장이 오고 당대표가 가출 을 해도 이러한 위기만큼은 아니었다. 무언가 판을 뒤집을 기상천 외한 묘수가 나와야 하는 상황인 것이다. 생각할 수 있는 모든 경 우의 수를 짜내야 했다.

'후보 교체론'은 여러 번 검토된 바 있다. 막판까지 변수로 작용 한 이낙연 전 대표 카드나 김부겸 현 총리 카드도 검토해 보았다. 그러나 이낙연이나 김부겸 모두 퇴주잔 마시기를 거부하였으며, 그들은 모두 차기를 노리고 있기 때문에 지금처럼 기울어진 판에 나서길 거부하였다. 그리고 무엇보다 이재명 후보의 강한 반발에 부딪쳐 실패로 끝났다. 그는 송영길 대표와 함께 이미 당을 장악 하고 있고, 매번 새로운 이슈와 돌파구를 찾아냈다. 그러한 그의 능력은 이미 정평이 나 있었다. 아무도 그를 대신할 수 없다. 그리 고 현 정부에 대한 압박 카드도 여러 개 가지고 있다. 결국 후보 교체론은 일단 불발로 끝났다.

4. 대선판을 결정지을 대장동 관련 인사들의 죽음

대장동 핵심 키맨들의 잇단 자살

대장동 개발사업의 핵심 인물 중 한 명인 성남도시개발공사 김문기 개발1처장이 숨진 채 발견됐다. 그날 오후 8시 반쯤, 가족으로부터 실종 신고가 들어온 지 10여 분 만의 일이다. 김 처장은 퇴근하는 직원들에 의해 자기 사무실에서 쓰러진 채 발견되었다. 이는 황무성 성남도시개발공사 초대 사장 사퇴 압박 의혹 등으로 수사를 받던 유한기 전 본부장이 투신해 극단적인 선택을 한 지 열하루 만이다. 유서는 발견되지 않았다고 한다.

앞서 대장동 개발 특혜 의혹과 관련해 뇌물을 받은 혐의로 구속영장이 청구됐던 유한기 전 본부장이 극단적 선택을 한 바 있다. 김 처장은 '대장동 의혹'의 핵심에 있는 유동규 전 기획본부장의 측근으로 알려졌다. 그는 '화천대유'가 참여한 하나은행컨소시엄이 우선협상대상자로 선정될 때 평가위원으로도 참여했으며, 시행사인 '성남의뜰'에서 공사 몫의 사외이사를 맡기도 했다. 또 성남도시개발공사가 공모사업지침서와 사업협약서에 '초과이익 환수 조항'을 넣지 않은 배경을 놓고 서울중앙지검에서 참고인으로 수사를 받아왔고 수차례 검찰에 소환됐는데, 특히 대장동 개발사업협약서에 초과이익 환수 조항이 삭제된 경위와 관련해 집중 조사를 받았다.

그는 너무도 억울한 나머지 최근 변호사를 선임하는 등 수사를 대비해 왔다고 한다.

성남도시개발공사 내부에선 유한기 전 본부장의 사망과 정 변호사가 배임 등 혐의로 불구속기소되는 등 복합적인 요인이 김 처장의 극단적 선택에 원인이 됐을 것이라는 추정도 나온다. 김 처장은 유한기 전 본부장이 극단적 선택을 한 사실이 알려지자 큰 충격을 받았다고 한다. 한 공사 관계자는 "김 처장이 유 전 본부장의 빈소엔 방문하지 않았지만, 직속상관이었던 사람이 사망했으니 충격이 매우 컸을 것"이라며 "검찰 조사도 이어지고 내부 감사에, 전날 정민용 변호사가 불구속기소되는 등 여러 요인이 작용한 것 아니겠느냐"고 말했다.

김 처장은 그동안 내부 감사를 받은 것으로 드러났다. 이미 성남도시개발공사를 그만둬 민간인 신분이었던 정민용 변호사에게 비공개 자료인 민간사업자 평가배점표 등을 열람하도록 했다는 의혹과 관련해서다. 성남도시개발공사는 조만간 김 처장에 대한 인사위원회를 열 예정이었으며, 징계 결과에 따라 형사 고발될 가능성도 거론된 것으로 알려졌다.

김 처장은 사망 직전까지 일상적으로 출근하는 등 이상 조짐이 없었다는 게 지인들의 증언이다. 한 관계자는 "김 처장이 이달 초 발표된 공인중개사시험에 최종 합격했다고 자랑했다"며 "아이들이 공부를 잘한다고 자랑하고 업무도 평소처럼 열심히 해 괜찮은 줄 알았는데…"라며 울먹였다. 유가족은 공사 측이 김 처장에게 책임을 모두 전가하려 했다며 울분을 토했다.

김문기, '초과이익 환수 조항' 삭제에 대해 아는 핵심인물

2015년 대장동 개발사업 진행 당시 성남도시개발공사 개발사업 1팀장을 맡았던 김 처장은 대장동 특혜 의혹의 핵심인 '민간사업자 선정 과정 점수 몰아주기'와 '초과이익 환수 조항 삭제' 등의 사안에서 실무를 맡아 검찰과 경찰의 조사를 받아 왔다. 당초 성남도시개발공사에서는 사업2팀이 대장동 사업을 주도했다. 하지만 유동규(구속 기소) 전 성남도시개발공사 기획본부장의 지시로 김 처장이 당시 팀장으로 있던 사업1팀이 이후 실무를 담당한 것으로 전해졌다. 사업1팀은 최근 영장실질심사를 앞두고 극단적 선택을 한 유한기 개발사업본부장 산하였다.

김 처장은 성남도시개발공사 입사 전부터 유동규와 친분이 있었던 것으로 알려졌다. 유 전 본부장은 2000년대 말 분당지역 한 아파트 단지 리모델링추진위원회 조합장으로 있었는데, 김 처장이 리모델링 시공업무를 맡기로 한 건설업체 직원으로 일했던 것으로 전해졌다.

김 처장은 2015년 3월 민간사업자 선정작업 당시 전략투자팀 장이었던 정민용 변호사(불구속기소)와 함께 절대평가와 상대평가에 모두 심사위원으로 참여, 화천대유 자산관리회사가 참여한 하나은 행컨소시엄에 유리한 점수를 줬다는 의심도 받았다. 그리고 성남 도시개발공사가 화천대유가 참여한 '성남의뜰' 컨소시엄을 우선협 상대상자로 선정할 당시 1,2차 평가에 모두 참여해 성남의뜰에 점 수를 몰아줬다는 의혹을 받았다. 일부 평가에서 성남의뜰에 만점 가까운 점수를 몰아주는 식으로 당시 경쟁자였던 산업은행컨소시 엄과 메리츠증권컨소시엄을 제치고 화천대유가 사업자로 선정되는 데 역할을 했다는 것이다.

　김 처장은 그해 5월 사업1팀 실무자가 사업협약서 검토의견서 에 초과이익 환수 조항을 넣었다가 7시간 뒤에 해당 조항을 삭제 하는 데 소극적으로 관여했다는 의혹도 받았다. 당시 사업1팀 소 속인 김 처장과 이모, 한모 씨 등은 택지 분양가격이 상승하게 되 면 민간사업자들이 수천억 원대의 추가 개발이익을 독점할 우려 가 있다며 초과이익 환수 조항을 추가한 사업협약서 수정안을 작 성해 성남의뜰 측에 주고 공사 내부 관련 부서에 공문으로 발송했 다. 그러나 정민용 투자사업파트장 등이 삭제를 요구했고, 삭제된 사업협약이 수정 없이 원래대로 진행됐다는 것이다. 김 처장은 직 급상 정 실장의 상급자였지만, '대장동 핵심'인 유동규 전 본부장의 지시를 받은 정 실장의 말을 거스를 수 없었다는 얘기가 나온다.

이후 이 조항 삭제로 대장동 사업자인 화천대유는 수천억 원의 초과이익을 거둘 수 있었다. 김 처장은 초과이익 환수 조항 삭제 경위에 대해 "윗선 지시가 있었냐"는 취재진의 질문에 "그런 것 없었다"고 부인했다. 김 처장은 이후 성남의뜰에서 사외이사를 맡기도 했다. 일각에선 정민용 전 성남도시개발공사 투자사업파트장이 이날 불구속기소된 것과 관련해 김 처장이 압박을 느낀 것이라는 해석도 나왔다.

서울중앙지검 대장동 수사팀은 이날 정민용 변호사를 특정경제범죄가중처벌등에관한법률 위반(배임), 부정처사후수뢰죄 및 범죄수익은닉규제 및 처벌등에관한법률 위반 혐의로 불구속기소했다. '윗선 지시'를 부인하는 입장이었던 김 처장은 초과이익 환수 조항 삭제 경위에 대해 언론 인터뷰에서 "기억은 잘 안 나지만 전략사업실 쪽 정민용 변호사(당시 실장)가 빼고 올리라고 했을 것으로 생각된다"고 밝히기도 했다.

김 처장이 갑작스럽게 사망하면서 가뜩이나 부진한 검찰 수사는 더 위축될 전망이다. 유 전 본부장 사망 이후 한동안 숨 고르기에 들어갔던 검찰은 조만간 사업 결재 라인에 있던 성남시 고위급 인사들에 대한 수사를 재개할 것으로 전망됐지만, 예상치 못한 변수에 또다시 뒷걸음치게 됐다.

야당, "이재명 후보의 책임 있는 입장을 기다린다"

이에 대해 야당 중앙선대위 김은혜 대변인은 논평을 통해 "유명을 달리한 성남도시개발공사 고 김문기 1처장의 명복을 빈다. 아울러 유가족 분들에게도 위로의 말씀을 전한다"면서 "지금까지 드러난 바에 따르면, 고인은 화천대유 심사 과정을 전담하고 배당이익을 설계한 실무 총괄이었다. 대장동의 비밀을 알고 있는 몇 안 되는 사람이기도 했다. 그러나 거대한 설계에 비추어 보면 깃털이었을 뿐이다. '그분'에 한없이 관대했던 검찰의 '꼬리 자르기' 수사로, '명을 따른 죄'밖에 없는 사람들이 잇따라 죽음으로 내몰리고 있다. 책임을 저야 할 몸통은 숨고, 힘없는 사람들만 짐을 짊어지고 떠나는 이 사태는 분명 비정상적이고 참담하다. 단군 이래 최대 치적을 만든 대장동 '실무진'들의 꼬리에 꼬리를 무는 비극에 대해, 설계자라던 이재명 후보의 책임 있는 입장을 기다린다"고 했다. 그리고 "특검 요청이 진심이라면 핑계만 수북했던 협상에 지금이라도 착수할 것을 '이재명의 민주당'에 지시해 달라"고 주장했다.

안철수 국민의당 대선 후보는 긴급성명을 통해 "대장동 게이트에 관련된 또 한 사람이 목숨을 끊었다. 대장동 게이트는 어떤 조직인지, 어떤 말 못할 사연이나 상황이 있었기에 두 사람이나 목숨을 끊는 것인지 국민은 궁금하고 두렵기조차 하다. 깃털에 불과

한 그들이 왜 스스로 목숨을 끊을 수밖에 없었는지, 어쩌면 누구에겐가 죽음을 강요받았는지는 몸통인 그분만이 알 것"이라고 강조했다. 또한 "몸통은 놔두고 깃털만 잡는 검찰의 여당 눈높이 맞춤 수사가 이런 비극을 초래했다. 몸통은 펄펄 날아 숨 쉬고 깃털들만 목숨을 끊거나 감옥에 가는 이 불합리하고 기이한 상황을 하루빨리 깨야 한다"고 말했다. 그리고 "국민적 관심과 압박만이 비리의 실체를 밝히고 의혹의 죽음을 막을 수 있다. 그것은 특검 수사의 관철이다. 여야는 즉각 쌍 특검에 합의하고 특검 수사를 통해 실체적 진실 규명에 나서야 한다. 그것이 의혹투성이 불행한 죽음을 막고 사회 정의를 바로 세우는 길이다"라고 주장했다.

한치 앞을 내다볼 수 없는 국내 정세

1. 이제 대선도 필요 없다

야당 후보 윤석열의 폭탄선언

윤석열 국민의힘 대선 후보가 연말을 하루 앞둔 날 마치 모든 것을 염두에 두고 있는 듯이 비장하게 자신의 결의를 토로했다.

정부 여당의 숨겨진 의도를 미리 알고 말하는 듯했다. 그는 "무릎을 꿇고 살기보다는 차라리 서서 죽겠다"며 죽음으로써 나라를 지키겠다는 결의에 찬 모습을 보였다. 이는 멕시코의 혁명 영웅 에밀리아노 사파타가 독재정권에 체포당하였을 당시 사파타가 보여준 결사항전의 말이었다. 쿠바의 지도자 카스트로와 함께 남미의 반정부 세력을 이끌었던 혁명가 체 게바라도 사파타의 이 말을 필생의 인생관으로 삼았다.

윤 후보의 이 말은 죽음으로써 반드시 정권 교체를 이뤄 내겠다는 결의를 나타내는 것이다. 윤 후보는 이날 "야당 대선 후보까지 사찰하는 '문재명' 집권세력에 맞서 정권 교체 투쟁에서 반드시 승리하겠다"며 윤 후보와 부인 김건희 씨, 국민의힘 의원 다수의 통신자료를 조회한 것을 두고 문재인 정부와 이재명 민주당 대선 후보를 싸잡아 '문재명' 집권세력으로 지칭하면서 강경 대응에 나서겠다고 선언한 셈이다.

앞서 윤 후보는 공수처에 대해 "지금까지 드러난 것만으로도 공수처는 이미 수사 대상으로 전락했다. 제가 대통령이 되면 공수처의 불법 행위에 책임 있는 자들에 대해 반드시 책임을 묻겠다"고 했다. 그러면서 "야당 정치인, 언론인에 이어서 민간인에 대한 불법 사찰까지 매일 새로운 정황이 드러나고 있다. 요즘 공수처를 보면 정권을 바꾸지 않으면 도저히 안 되겠다는 생각을 하게 된다"고 발언했다.

그는 "무식한 삼류 바보들을 데려다 정치를 해서 경제, 외교와 안보를 전부 망쳐 놓고 무능을 넘어서 과거 권위주의 독재정부가 하던 사찰을 한다"며 "그래도 권위주의 독재정부는 국민 경제를 확실하게 살려 우리나라 산업화의 기반을 만들었다. 이 정부는 뭘 했느냐"고 성토했다. 또 이제 대선도 필요없고 곱게 정권을 내놓고 물러가는 게 정답이라고 거세게 반발했다.

더 나아가 이재명 후보에 대하여 "떳떳하면 왜 대장동 특검을 거부하나. 죄를 지었으니까 거부하는 것"이라며 "진상을 밝히면 감옥에 가기 때문에 못하는 것"이라고 질타했다. 또 "이 후보가 토론을 하자고 하는데 내가 바보냐? 국민의 알권리가 있다고 토론을 해야 한다는데 국민의 알권리를 얘기하려면 대장동, 백현동 의혹 진상부터 밝히고 대선 후보를 음습하는 조직폭력배 의혹과 잔인한 범죄 이야기부터 먼저 밝혀야 한다"고 말했다. 그러면서 "이런 사람과 국민들이 보는 데서 토론을 해야 하겠나. 어이가 없다. 정말 같잖다. 이번 선거는 보수와 진보의 싸움이 아니다. 자유민주주의라는 정의와 부정부패라는 불의의 싸움이자 국민의 심판이다. 압도적인 지지로 승리해서 정권을 교체해 민생을 살리고 이 나라의 무너진 법도와 상식을 회복해 제대로 된 미래를 자녀에게 넘겨주자"고 주장했다.

충무공 이순신의 상유 12척, 필사즉생

이제 대선은 목전에 이르렀다. 여권에서는 한국을 둘러싼 심각한 국제 정세와 북한의 군사도발 움직임으로 백척간두의 위기 상황에서 선택지는 오직 하나밖에 없었다. 그것은 자신이 죽는 것이었다. 실로 대한민국 5천 년 역사상 기라성 같은 선열들과 지도자들이 명멸해 갔다. 그들은 나라의 위기상황에서 자신을 던져 죽음으로써 나라를 지켜왔다.

충무공 이순신도 그러하였다. 수백 척의 왜선들이 몰려오는 울돌목 해전에서 오직 12척의 다 떨어진 함선으로 아직 나에게는 12척의 배가 남아 있다며 자신을 던졌다. 남은 것은 필사즉생의 각오밖에 없었다. 그의 가족도 왜적의 손에 다 죽고 홀로 남았으며, 자신을 따르며 응원하는 백성들의 거친 함성만 있었다. 하늘의 도움도 없었고, 나라의 도움도 없었다. 나라에서는 자신을 음해하여 죽이려는 임금과 대신들만 득실거렸다. 자신을 발탁하고 끝까지 도와주던 서애 류성룡까지도 자신과 같은 처지로 전락해 버리고 이제는 아무도 없었다. 이 세상에 홀로 남았다. 충무공이 가야 할 길은 오직 한 군데, 바다 속 전장뿐이었다. 거기 뛰어들어 왜적과 싸우다 장렬하게 죽는 길밖에는 다른 길이 없었다. 결국 그는 거기에서도 이겼다. 왜적은 필사즉생의 각오로 싸움에 뛰어든 이순신에게 또다시 지고 말았다.

윤석열은 새해 들어 긴급 기자회견을 열었다. 그는 수많은 국내외 기자들 앞에서 단도직입적으로 말했다.

"나는 이제부터 오직 국민만을 보고 가겠습니다. 이 땅에 전쟁이 벌어져 핵폭탄이 떨어진다 해도 나 혼자서라도 이 땅을 지켜내겠습니다. 나는 후퇴하지 않고 국민들과 함께 내 나라를 지키겠습니다. 죽음으로써 나라를 지키겠습니다. 3월 9일 예정된 선거를 꼭 치르겠습니다. 승패는 나중 문제입니다. 선거 승패에 연연하지 않고 우리나라의 자존심을 지키겠습니다. 죽음을 회피하지 않고 정면으로 부딪쳐 나갈 것입니다. 나라를 지켜서 우리 후손들이 다시는 이런 치욕을 겪지 않도록 하겠습니다. 3월 9일 선거일에 우리는 승리할 것입니다."

그날 한국 대선의 야당 후보 윤석열의 간결한 회견 내용이 긴급타전으로 전 세계를 향해 퍼져 나갔다. 냉엄한 국제사회의 이해관계 속에서 곧 터질 것 같았던 제2의 한국전쟁 양상은 그의 폭탄선언과 함께 잠잠해지고 있었다. 그리고 아무 일 없었던 것처럼 조용히 일상을 회복하고 있었다. 이제 한 달여 후에는 한국에서 새로운 대통령이 선출되고 새로운 정부가 출범할 것이었다.

윤 후보는 대장동 개발사업 특혜 의혹을 언급하며 이재명 후보를 향해 "지방정부가 사업을 하는데 어떤 사람이 8,000억 원을 벌게끔 디자인해 줬으면 그 자체가 배임 아닌가?"라고 말했다. 그는 최근 대장동 수사 과정에서 김문기 성남도시개발공사 개발사업1처장과 유한기 전 성남도시개발공사 개발사업본부장이 연이어 사망한 일을 언급하며 "밑에 있던 사람들은 구속됐는데 의사결정을 한 사람은 멀쩡하게 있다"고 이 후보를 겨냥했다.

또한 "보통 수사에 대한 압박 때문에 자살하는 경우가 많은데 지금 수사를 안 하고 봐주고 있지 않나? 근데 왜 이 사람들이 죽는지 국민들은 도무지 이해할 수가 없는 것"이라며 "그 사람(김문기)이 중요한 위치에 있던 사람이고 시 관계자들과 같이 여행도 다녀놓고 모르는 사람이라고 하는 것 자체가 더 웃기다. 그냥 아는 사람이라고 하면 안 되나?"라고 비꼬았다.

또 검찰의 대장동 수사와 관련해 불법자금 추적과 압수수색이 제대로 이뤄지지 않은 점을 지적하면서 "참 황당하다. 언론에도 드러나고 터진 것을 은폐도 아니고 그냥 뭉개는 것"이라고 했다. 그러면서 "김대중, 노무현, 이명박 대통령 시절에도 사정 수사하고 정권 실세들에게 칼을 겨눴지만, 저나 윗사람들이 한 번도 인사 불이익을 받아본 적이 없다. 인사권을 쥐고 있는 정치권력이 사법 업무를 하는 사람들에 대해 그냥 보복한 것"이라며 "권력자가 인사권을 이런 식으로 한다면 거의 범죄라고 볼 수밖에 없다"고 날을 세웠다. 그리고 "얼마나 많은 비리가 있기에 이렇게 무리를 하는가. 과거에 어떤 정권도 겁이 나서 이런 짓을 못했다. 여기는 겁이 없다. 대통령 임기 5년이 뭐가 대단하다고. 하는 거 보면 너무 겁이 없다"며 현 정부를 강하게 비판했다.

2. 이대로는 안 됩니다

때마침 민주당 내 경제통이며 양식 있는 선대위 출신인 이상이 교수가 이재명 후보의 기본소득론을 맹렬하게 비판하고 나섰다. 언론은 그의 발언을 매우 비중 있게 다뤘다. 이 교수는 이재명 후보의 '기본소득론'을 지속적으로 비판하다가 당에서 징계조치를 받은 바 있는데, '후보 교체'를 거론하며 작심 발언을 쏟아냈다.

이 교수는 자신의 페이스북에 '민주당 국회의원님들께 드리는 글, 이대로는 안 됩니다'라는 제하에 "지금 바로 '후보 교체의 거대한 변동'이 요청된다. 시간이 별로 없다"면서 "대선 후보 자격을 갖추지 못한 이재명 후보를 내리고 공정한 절차에 따라 새로운 대선 후보를 신속하게 선출해야 한다. 이를 위해 절차적 민주주의를 훼손함으로써 적폐를 누적했던 기존의 송영길 대표 등 민주당 지도부는 총사퇴해야 하고, 당원의 총의를 모아 비상대책위원회가 출범해야 한다"며 "민주당 국회의원 여러분의 신속한 숙고와 용기 있는 행동을 기대한다"고 말했다. 그리고 "절차적 민주주의와 실질적 민주주의가 제도적으로 확립되는 보편적 복지국가 대한민국을 기대하며, 부디 의원님들께서 애당과 애국의 길을 선택해 주시길 간청드린다"고도 했다.

이 교수는 '이재명의 민주당'은 절차적 민주주의의 핵심 요건인 '민주성'과 '공정성'을 위반했을 뿐만 아니라 나날이 적폐를 누적하고 있어 이대로는 안 된다는 것이다. 그러면서 "우리는 알고 있지 않나. 송영길 민주당 대표가 '인간 이재명'을 읽자고 아무리 호소한들, 당력을 모아 '릴레이 이재명 바로 알기 캠페인'을 아무리 벌인들, 이 모든 것이 헛수고에 그칠 것이고 오히려 집권 여당이 국민적 조롱거리로 전락할 뿐이라는 것을 우리는 직감적으로 알고 있다"며 "민주당의 대선 후보가 역대 최악의 부적격자이기 때문"이라고 이 후보를 저격했다.

특히 '대장동 개발 특혜 의혹' 관련자들이 사망하고 있는 것과 관련, "대장동 게이트를 다른 이슈나 사건들로 덮고 숨기는 기존의 방식이 더는 통하지 않을 것이다. 민주당 지도부 등 586 운동권 정치 카르텔에게는 대장동 특검을 추진할 의사나 철저한 검찰 수사를 이끌어 낼 의지가 애초부터 없었다는 것을 국민들이 이미 잘 알고 있다. 이제 와서 무엇을 더 숨길 수 있겠나. 머지않아 진실이 만천하에 드러나게 될 것"이라고 주장했다. "게다가 전 세계 어느 나라도 하지 않는 '낡고 진부한 무차별적 획일주의' 방식의 기본소득 포퓰리즘을 들고나온 시대착오적인 후보를, 그것도 수시로 말을 바꾸는 불안하고 신뢰감 없는 후보를 내놓고 어떻게 대선을 치를 수 있겠나"라면서 "이제 이재명 후보는 인성과 자질, 공적 이력 검증에서 드러난 문제들뿐만 아니라 정책적으로도 바닥이 다 드러난 것"이라고 날을 세우기도 했다.

3. 정치평론가들의 말, 말, 말

21세기식 전략이라구요?

요즘 잘나가고 있는 한 정치평론가의 말이다.

"최근 윤석열 국민의힘 대선 후보의 지지율 하락은 '새로운 문명'의 시대에 구시대적으로 사고하고 대응함으로써 발생한 필연적인 현상이다. 21세기 선거를 20세기식으로 하는 것이다. 윤석열은 전략적 판단과 정치적 언어의 한계를 노출했다. 이대로는 대선에서 승리하기 어렵다."

이건 대체 무슨 소린가? 아무리 생각해 봐도 그 맥락을 이해하지 못하겠다. 21세기의 선거판은 어떤 것일까? 본인은 알고 있을까? 나는 오히려 윤석열의 그런 투사형 아날로그식 선거운동을 원한다. 부디 말을 삼가 주길 바란다.

진중권 전 교수는 이재명 후보를 겨냥해 "자기에게 필요하다면 언제든지 문재인 대통령을 제물로 넘길 수도 있는 인물"이라고 주장했다. 반면 윤석열 국민의힘 후보에 대해서는 정치 보복을 하지 않을 것이라는 취지의 평을 했다. 그는 윤 후보를 향해 "윤석열이 대통령이 되면 문재인을 칠 것이다? 나는 그렇게 보지 않는다"며 "윤석열은 김대중 대통령을 언급하며 화해와 용서의 정신을 강조했다. 보수 쪽에선 실망하겠지만, 그는 그 말을 지킬 것"이라고 내다봤다.

또 여야 두 후보에 대한 평가에서 "윤석열 후보의 마인드는 원칙 이성에 가깝다"면서 "이것은 법을 적용하는 데 이편 저편을 가려서는 안 된다는 것으로, 저쪽에 날카로운 칼을 댔다면 이쪽에도 똑같이 날카로운 칼을 들이대야 한다는 것을 의미한다. 아마 그것이 그를 대선 후보로 만들어 주었을 것"이라 평가했다. 다만 "원칙 이성이 강한 이들의 단점은 융통성이 부족하다"며 "이게 아집과 독단으로 흐르면 치명적인 결과를 낳을 수도 있다"고 예측했다.

동시에 이재명 후보는 "극단적으로 발달한 기회 이성의 소유자"라며 "이것의 장점은 어떤 상황에도 유연하게 대처할 수 있다는 것"이며, "실제로 그는 필요하다면 언제라도 자기 입장을 180도

뒤엎을 준비가 되어 있다. 기회 이성이 극도로 발달한 이들의 문제는 일관성의 부재로 신뢰를 받기 힘들다. 예를 들어 전 국민 재난지원금을 지급해야 한다고 했다가 여의치 않자 바로 접어 버리고, 윤석열 후보의 소상공인 배상 50조 공약을 포퓰리즘이라고 비난하더니 바로 입장을 바꿔 지금은 선거전에 빨리 해치우자고 재촉한다. 그리고 대장동 비리가 터졌는데 외려 '상을 받을 일'이라고 전세 역전을 노리다가 상황이 여의치 않게 돌아가니 그제야 사과했으며, 존경하는 박근혜 대통령이라고 했다가 비판이 나오니 '진짜 존경하는 줄 안다'고 한다. 이 모든 비일관성 속에 한 가지 일관된 원칙이 있다면 바로 이해관계다. 득표에 도움이 된다면 했던 말도 뒤집고, 마음에 없는 사과도 하고, 가짜 눈물도 흘리고, 뻔한 거짓말도 할 수 있다는 게 그의 장점이자 단점"이라 평가했다.

이재명 후보는 '기본소득'을 대표 공약으로 내세우더니 경선 과정에서 집중 비판을 받자 '1호 공약이 아니라고 했다. 기본소득의 재원인 국토보유세 얘기를 꺼냈다가 역시 비판을 받자, "국민들이 반대하면 추진하지 않겠다"고 말을 바꾸었다. 그러다가 왜 대표 공약을 포기했냐고 비판하면, 또 말을 바꾸어 포기한 것은 아니라고 말한다. 일관된 원칙 없이 그때그때 필요한 것은 다 갖다 쓰니, 도대체 정치적 정체성을 가늠하기 어렵다. 민주당 후보가 엉뚱하게도 분배가 아니라 '성장'을 전면에 내세운다.

대장동 주범 지칭은 무례라구요?

이제 우리는 진중권 전 교수의 일관된 언어를 원한다. 얼마 전까지도 이재명의 기 회주의와 대장동 관련 발언이 사람들에게 어필했다. 그러다가 오늘은 윤석열의 대장동 주범 지칭은 상대방에 무례라고 하였다. 그럼 이제까지 그가 지적해 온 이재명 관련 발언 취지는 다른 사람들에게 한 것인가? 이들 평론가들의 공통점은 그때그때 필요한 교언영색일 뿐이다. 나는 부디 평론가들이 허울을 벗고 솔직하게 본모습을 드러냈으면 좋겠다.

국제 정세 쓰나미

1. 70여 년 전 6·25의 데자뷰

현재 너무도 급박하게 돌아가는 국제 정세는 북한에게 절호의 기회가 될지도 모른다. 러시아의 우크라이나 침공과 중국의 대만 해협에서의 군사행동이 그것이다. 이는 모두 대한민국에 경악을 금치 못할 위기 상황이 될 수 있다. 과거 6·25의 데자뷰가 보이는 듯하다.

반세기 훨씬 전 6·25전쟁 발발 당시 마오쩌둥이 스탈린과 회동할 때, 김일성은 남한을 침공하는 전쟁 계획에 동의해 달라고 마오쩌둥과 스탈린을 각각 설득하였다. 김일성은 한 달 만에 남한을 점령할 수 있다고 장담했다. 그러자 마오쩌둥은 김일성에게 남한을 점령하는 계획은 중국이 대만을 정복한 후에 진행해 달라고 하였다. 결국 사전 동의한 스탈린의 결정에 따라 한국에서는 전쟁이 발발하고 대만은 아슬아슬하게 전쟁의 참화를 피하게 되었다. 이러한 역사적 사실은 시사하는 바가 매우 크다. 한국과 대만의 운명은 어쩔 수 없이 주변 강대국의 이해관계에 따라 결정된다.

여러 분석에 따르면 러시아의 우크라이나 침공과 중국의 대만 해협에서의 군사도발은 필연적으로 보인다. 작년 연말 러시아는 급작스럽게 유럽으로 향하던 자국의 천연가스 송출을 중단해 버렸다. 유럽은 즉각 패닉 상태에 빠져 버렸고, 러시아의 다음 행동을 예의 주시하며 긴장상태에 돌입하였다. 미국 또한 이러한 러시아에 경제 및 군사적 방어조치를 준비하며 원상 회복할 것을 경고하였다.

국제사회는 중국과 러시아가 동시다발로 대만과 우크라이나에서 군사행동을 감행하는 모험에 대비하면서, 이에 대한 대응조치를 준비하였다. 특히 한국은 대선을 앞두고 있어 대응 방안을 준비해야 우리나라를 둘러싼 위험천만한 국제 정세는 한치 앞을 내다보기 어렵다. 마치 약속이나 한 듯 대한민국의 북방과 남쪽의 상황은 악화일로의 퇴로 없는 치킨게임 양상으로 치닫고 있었다.

2. 러시아의 우크라이나 침공 전야

러시아가 우크라이나 침공을 앞두고 선제공격으로 유럽에 대한 천연가스 공급을 중단하였다. 유럽 국가들이 가장 우려하던 일이 현실화된 것이다. 그동안 우크라이나 문제를 두고 대립하던 미국과 러시아는 각각 '가스 수출 통제'와 '공급 중단' 카드를 꺼내들었다. 로이터통신은 "조 바이든 행정부가 스마트폰·자동차·항공기 부품의 러시아 수출을 통제하는 방안을 검토하고 있다"고 보도하였다. 이 조치가 이루어질 경우 러시아는 산업계 전반에 중대한 타격을 가져올 것으로 전망된다. 바이든 행정부는 전임 트럼프 대통령이 화웨이 제재 당시 사용했던 중국에 대한 전면적 수출 통제 조치를 러시아에도 적용할 것을 검토 중인 것으로 전해졌다.

재작년 중국 IT기업 화웨이를 '블랙리스트'에 올렸던 미국은 지난해 전 세계 모든 반도체 기업이 미국 기술을 부분적으로라도 활용했다면 미 상무부의 사전 허가를 받아야 화웨이에 수출할 수 있도록 조치했다. 반도체 공급망을 활용한 경제 제재로, 같은 방식의 작전을 동원해 러시아를 고립시키겠다는 생각이다. 이 같은 조치가 현실화할 경우 러시아 휴대전화 시장의 주축인 애플과 삼성전자에도 막대한 타격을 주게 될 것으로 보인다.

미국은 러시아의 공격권 안에 있는 동구권에 대한 군사 지원도 지속하고 있다. 미 국방부는 이날 리투아니아에 수천억 원 상당의 재블린 대전차 미사일을 판매하는 안이 국무부의 승인을 받았다고 밝혔다. 옛 소련권 국가인 리투아니아는 우크라이나, 폴란드와 함께 친서방 안티러시아 성향의 루블린 3자 동맹 체제를 구축하고 있다. 앞서 러시아는 '러시아와 나토(NATO) 회원국의 안전 약속 및 안전보장 조치에 관한 미·러 간 조약' 초안을 공개했다. 폴란드, 에스토니아, 라트비아, 리투아니아 등에서 나토군을 철수하고, 우크라이나의 나토 가입을 거부하라는 내용이다. 이미 이 같은 제안을 승인한 미국이 대러 수출 통제 검토에 나섰다는 것은 결국 러시아의 요구를 거부할 수도 있다는 메시지가 될 수도 있다.

러시아 또한 물러서지 않고 '가스 공급 중단'과 '군사 위협' 카드를 동시에 구사하겠다는 강한 제스처로 나토를 압박했다. 블룸버그통신 등에 따르면, 러시아 국영 가스기업인 가스프롬은 이날 벨라루스와 폴란드를 거쳐 독일로 연결되는 '야말-유럽 가스관'을 통한 천연가스 공급을 중단했다. 야말-유럽 가스관은 노르트스트림

가스관 등과 더불어 러시아 가스를 유럽으로 수출하는 주요 통로다. 겨울철을 맞아 천연가스 가격이 치솟는 상황에서 에너지를 무기로 서방권 압박에 나선 것이다.

외신들은 러시아의 이번 조치를 '노르트스트림2 가스관' 가동 승인을 이끌어 내기 위한 압박전략으로 분석했다. 노르트스트림2 가스관은 러시아산 천연가스를 독일을 통해 유럽으로 공급하기 위해 완공됐지만, 미국과 유럽 국가들은 대러시아 에너지 의존도를 낮추기 위해 가스관 가동에 제동을 걸고 있었다. EU 외교정책을 총괄하는 호세프 보렐 대표는 블로그를 통해 "가스프롬이 유럽으로의 가스 공급량 확대와 유럽 내 자사 저장고 재충전을 거부하는 것은 EU에 대한 압박이다"라고 지적했다.

문제는 EU가 가스 수요의 절반 가까이를 러시아에 의존하고 있는데다, 마땅히 대응할 수 있는 견제 수단이 없다는 점이다. 유럽 천연가스 벤치마크인 네덜란드 TTF 거래소의 가스 가격은 이날 러시아의 공급 중단 여파로 전일대비 16% 급등, 메가와트시(MWh)당 175유로까지 치솟으며 역대 최고치를 갈아치웠다. 향후 러시아의 가스 공급 제한이 지속되면 난방 수요가 높은 겨울철 에너지 대란에 시달릴 것이란 우려가 커지고 있다.

블랙아웃 가능성도 점쳐진다. 블룸버그는 "러시아는 유럽에 천연가스를 공급할 수 있는 여러 채널을 보유하고 있다. 이는 언제든 러시아가 유럽을 위협할 수 있는 카드를 고를 수 있다는 의미"

라며 "이번 가스 공급 중단으로 러시아가 얻을 수 있는 이익은, 노르트스트림2 승인 시 가스 수출에 따른 수입 증가, 그리고 우크라이나를 비롯한 접경 국가들에 대한 영향력"이라고 분석했다.

TV연설에 나선 푸틴 대통령은 폴란드와 루마니아 등에 배치되는 미국의 글로벌 미사일 방어(MD) 시스템에 대해 우려를 표명하며 "서방 국가들이 러시아에 공격적인 입장을 계속 보인다면 우리는 이에 대응해 적절한 군사적 · 기술적 조치를 취할 것"이라고 밝혔다. 그러면서도 "우리는 정치 · 외교적 해결을 선호한다"며 거듭 자신들의 요구를 수용할 것을 촉구했다. 일단 대화를 해보겠지만 자신들의 뜻이 관철되지 않을 경우 군사 행동에 나서겠다는 선전포고나 다름없는 것이다.

3. 전운 가득한 대만해협

한국과 미국, 대만해협의 평화와 안정을 촉구함

지금 세계에서 가장 뜨거운 곳은 대만이다. 아직 한 발의 총성도 울리지 않았지만 지금 대만에서는 거의 전쟁에 버금가는 도발과 긴장이 계속되고 있다. 중국 내부적으론 미국과 서방세계를 향한 들끓는 민족주의, 공산당 일당체제의 안정, 시진핑 주석의 치적 쌓기가 이루어지면서, 시진핑 주석 재임 중에 '하나의 중국'을 위한 대만 회복을 반드시 해야 한다는 강경론이 맞물려 대만해협은 한 치 앞을 내다볼 수 없는 짙은 안개 속에 있다.

지난해 10월 대만해협에 격랑이 일었다. 중국 공군기 149대가 대만 방공식별구역(ADIZ)을 무시로 넘나들며 언제라도 공격할 수 있음을 보여 주는 거의 준전시 상태와도 같은 항공 무력시위를 벌였다. 여기에는 핵탑재 가능한 H-6 폭격기도 포함됐다. 중국이 전하려는 메시지는 분명하다. 마음만 먹으면 대만 무력 점령에 나설 수 있다는 경고다.

이와 동시에 중국 인근 필리핀해와 오키나와 남서부 해역에서 미국·영국·일본·네덜란드·캐나다·뉴질랜드 등 6개국 해군이 '자유로운 인도·태평양 실현'을 이유로 합동훈련을 했다. 중국의 대만에 대한 침공은 절대로 용인할 수 없다는 미국과 서방 진영의 강한 반박 메시지다.

한국은 미국과 2021년 5월 정상회담에서 역사상 처음으로 '대만 해협의 평화와 안정을 촉구'하는 데 합의했다고 발표했으며, 12월 2일 서울 용산구 국방부 청사에서 서욱 국방부장관과 로이드 오스틴 미국 국방장관은 제53차 안보협의회의(SCM)를 개최한 뒤 21개

항의 공동성명을 발표했다. 성명에는 "2021년 5월 조 바이든 미국 대통령과 문재인 대통령 간 정상회담 공동성명에 반영된 대만해협에서의 평화와 안정 유지의 중요성을 확인했다"는 내용이 적시됐다. 미·중 간 군사적 긴장이 고조되는 상황에서 한국이 군사 분야에서 미국의 대중 견제에 힘을 실은 것이다.

미·중 관계의 큰 틀 안에서 양안(중국과 대만) 갈등과 한반도 위기는 밀접하게 연결돼 있다는 인식을 처음으로 함께한 것에 커다란 의미가 있다. 6·25전쟁 이후 한국과 대만은 잿더미에서 일어나 세계 역사상 유례없는 괄목할 만한 경제적·역사적 발전을 이루었다. 이러한 상황에서 30년 가까이 의도적 망각 속에 있던 대만이 갑작스레 대한민국의 안보 영역으로 진입한 것이다.

1992년 한·중 수교 때 '하나의 중국' 원칙을 수용하면서 대만과의 공식 외교관계는 단절되었는데, 이번 한·미 정상회담 공동성명에 '대만해협에서의 평화와 안정 유지의 중요성이 강조됐다'는 문구가 들어갔다. 대만 평화가 위협받을 때 한·미가 대응할 수 있다는 의미로 해석된다는 점에서 사실상 한미동맹의 영역이 대만으로까지 넓어진 것으로 볼 수 있다. 워싱턴이 중국을 염두에 두면서부터 대만을 한·일 방어와 연계해서 보고자 하는 의지의 표현으로 보인다. 한국과 일본이 대만 방어에 힘을 합치지 않으면 제2, 제3의 대만이 될 수 있다는 경고와 우려가 저변에 깔려 있는 것이다.

또한 폴 라캐머러 주한미군사령관이 상원 인준 청문회에서 의원들로부터 받은 질문은 새삼 한국을 둘러싼 심각한 국제 정세를 인식하기에 충분하다. 당시 릭 스콧 상원의원은 "우리가 대만을 방어하지 않으면 한국과 일본, 괌에서 중국을 저지하는 우리 능력은 어떻게 될까?"라고 우려 깊은 질의를 했으며, 조시 홀리 상원의원은 "중국이 대만 침공을 시도하면 북한은 도발 기회로 삼을까?" 그리고 이어서 "중국이 대만을 장악하고 군대를 주둔시키면 미군이 북한을 저지하고 한반도를 방어하는 능력에 어떤 영향을 미칠까?"라고 본질적인 의구심을 보냈다. 이러한 우려는 한국 정세에 미치는 대만의 평화 문제가 절대로 독자적인 것이 아님을 나타내는 것이다. 당연히 한국이 당면한 심각한 문제다.

대만 중앙통신사에 따르면 어우장안(歐江安) 대만 외교부 대변인은 공식적으로 "미·한 안보협의회 공동성명에서 처음으로 대만해협이 언급된 것에는 각별한 의의가 있다. 미국과 한국이 지난 5월 정상회의 공동성명 언급 뒤 다시 공개적으로 대만해협의 평화와 안정의 중요성에 관한 입장을 내놓은 것에 감사한다"고 하였다.

그리고 "대만은 동아시아 제1열도선(일본 오키나와-대만-필리핀-믈라카 해협을 잇는 대중 방어선)의 핵심 자리에 있어 지역의 안정과 번영에 매우 관건이 되는 곳"이며 "대만은 미국, 한국 등 이념이 가까운 나라들과 협력을 심화해 민주, 자유, 인권 등 공동의 가치를 수호해 나갈 것"이라고 덧붙이면서 "중국에 대한 높은 경제 의존도 때문에 한국 정부가 '민주주의 가치 동맹' 참여에 소극적인 걸 이해한다. 하지만 민주주의와 첨단기술 선진국인 대만과 일본이 바로 옆에 있음을 잊지 말라. 공통점이 많은 한국과 대만, 일본이 긴밀하게 협력, 교류하는 '황금의 3각 동맹'을 구축해 함께 번영과 혁신을 지속했으면 한다며 한·대만 관계의 미래에 대한 비전을 제시하였다. 한국의 평화와 안전을 위한 남방에서의 동맹 관계 구축에 대해 적극 동의함은 물론 재론의 여지가 없다.

미국과 일본, 52년 만에 대만해협 평화 언급

대만과 중국, 양안 관계가 악화일로에 있는 상황에서 대만해협의 미래는 어떻게 변할까? 동아시아연구원(EAI) 스페셜 리포트 '대만 특집 시리즈'에 실린 '대만을 둘러싼 미·중·일의 긴장 관계:일본에서 바라보는 미·일 공동성명 내 대만 명기'(도쿄외국어대 오가사와라 요시유카 교수) 논문에서 미·일 정상이 52년 만에 처음으로 강조한 의미를 분명하게 전했다.

스가 요시히데(菅義偉) 전 일본 총리와 조 바이든 미국 대통령의 정상회담에서 '대만해협 평화와 안정의 중요성'을 담은 공동성명이 발표됐다. 앞의 논문에 따르면 양 정상의 공동성명에서 '대만해협'을 언급한 것은 1969년 이후 52년 만이다. 1972년에는 미·중 공동성명과 일·중 공동서명에 의해 중화인민공화국의 '하나의 중국 원칙' 주장이 대체적으로 인정돼, 대만은 국제사회로부터 배제됐다. 이른바 '72년 체제'다.

그런데 최근 72년 체제에 금이 가고 있다. 미국은 '대만 통일'을 주장하는 중국 시진핑 정권의 위협을 방치하면 대만이 중국으로 흡수통일될 것이라며 위기감을 강화했다. 요시유카 교수는 논문에서 "미국은 72년 체제의 재편성이 필요하다고 생각하고 대만과의 관계를 강화함으로써 중국을 억제하는 방향으로 움직이기 시작했다고 볼 수 있다"며 "그것이 선명해진 것이 트럼프 정권 말기인 2020년이다. 바이든 정부도 그 움직임을 계승했다"고 설명했다. 그러면서 "중국과의 경쟁 관계와 대만의 역할 중시는 미국의 초당파적 정책이 됐기 때문에, 이 틀은 '21년 체제'라고 불리게 될지도 모르겠다"고 덧붙였다.

이러한 분석 역시 한국의 평화와 안정에 적극 기여하게 되는 일련의 조치 가운데 중요한 한 축이 됨은 물론 우리 측에서도 지대한 관심을 기울여야 할 사안이 된다.

바이든의 첫 '민주주의 정상회의'

조 바이든 미국 행정부가 화상으로 역사상 첫 번째 '민주주의 정상회의'를 개최했다. 이 회의의 목표는 대중국 견제 포위망 완성이었다. 초청국에 대만이 포함되자 중국은 기다렸다는 듯이 "불장난을 하면 끝내 제가 지른 불에 타죽을 것"이라고 격렬하게 반발했다. 다시 말해 미국이 중국을 제치고 대만을 회의에 참석하게 하는 것은 절대로 용납할 수 없는 치욕이라는 의미를 전달한 것이다. 대만은 어떤 경우라도 국제사회에서 중국을 대신할 수 없다는 것이다.

백악관은 조 바이든 대통령이 일 년 뒤에 2차 직접 대면 정상회의를 가질 것이라고 발표했다. 정상회의 3대 주제는 '독재 반대, 부패 척결, 인권 존중 촉진'이다. 이에 대한 언론의 평가는 중국에 대항하기 위한 바이든 정부의 또 다른 공격 카드라는 분석이다.

이번 회의는 세계 각국을 민주와 비민주 혹은 독재국가로 양분하여 규정하는 첫 번째 회의였다. 그 이유는 러시아를 포함한 수많은 나라들이 서구식 민주주의를 표방하고는 있지만 서방세계의 누구도 그 나라들을 진정한 민주주의 국가로 부르지는 않고 있기 때문이다. 미국의 동맹국들이라 하여도 이 분류에는 예외가 없다. 터키나 사우디 같은 나라가 그 예다. 그러한 배경으로 대만의 민진당 정권은 민주 정상회의 참석을 반겼다. 대만 언론들은 토니 블링컨 미국 국무부장관이 하원 외무위원회 청문회에서 대만을 민주 정상회의에 초청하겠다고 밝힌 사실을 의미 있게 다뤘다. 그는 단호한 어조로 "대만은 강건한 민주주의 정체와 과학기술의 요충지이면서 세계에 기여할 수 있는 나라"라고 말했다.

백악관은 두 차례 정상회의가 국가, 시민사회, 자선단체 그리고 민간부문 수장들을 모이게 함으로써 세계 정상들에게 기회를 제공할 것이라고 밝혔다. 중국은 결코 차이잉원 총통에 대한 미국의 참석 요청을 수용할 수 없다는 것이었다. 그것은 중국 원칙에 대한 선전포고이며, 만약 워싱턴이 미국 및 각국 지도자와 차이잉원 총통이 만나는 장면을 연출한다면, 대만의 '국가' 지위를 인정하고 외부로부터 대만해협의 정치 현실을 깨뜨리는 것과 같으니 단호한 조치를 취해 결정적 정면 승부를 함으로써 하나의 중국 원칙을 지키는 방법밖에는 다른 도리가 없다고 믿고 있다.

과거의 의미 있는 사례를 보면, 1995년 당시 리덩후이 대만 총통이 모교인 미국 코넬대학 동문회 행사 참석을 명분으로 미국 방문을 허가받았을 당시, 대만해협에 심각한 위기 상황이 조성되었으며, 인민해방군은 대만 섬 주변을 향해 미사일을 발사했다. 만일 바이든 초청으로 차이잉원이 제2차 민주주의 정상회의에 참가하는 장면이 연출된다면, 사태는 걷잡을 수 없는 지경에 다다를 수 있다. 앞으로도 미국과 대만이 합작하여 급격한 변화를 꾀하고자 할 때, 중국으로서는 즉각 응당한 조치를 취할 것이다. 결국 하나의 중국 원칙을 절대로 포기하는 일은 없을 것이며, 다른 서방국가들이 대만해협에서 유사한 행동을 했을 경우에 대한 대비책도 유사한 것이 될 것이다.

그날, 국민과의 대화

2022년 3월 9일 제20대 대선을 3개월여 앞둔 2021년 11월 중순 어느 날. 문재인 대통령은 마지막 '국민과의 대화' 시간을 가졌다. 지난 5년 가까운 시간 동안 대통령의 생각만큼 국민들과의 거리는 그리 가까운 것은 아니었다. 아니 오히려 어떤 의미에서는 가장 거리가 먼 지도자였다. 그가 취임 초에 선언했던 '이제까지 한 번도 경험해 보지 못한 나라'는 여러 각도에서 비판받았고, 심지어 조롱을 받기까지 했다. 국민과의 간극은 멀기만 하였고, 자기 진영 사람들만 챙기고 다른 쪽 사람들은 전혀 돌아보지 않았다고 비판받았다.

그의 정부는 '내로남불', '좌우 진영 편가르기', '친북 친중 좌편향', '전임 보수 정부 대통령들에 대한 가혹한 처단', '원자력에 대한 혐오', '부동산 정책 실패로 인한 집값 폭등' 등 국민들 마음속에 너무도 부정적인 반감을 심어 주었다. 이제 그 시간들도 지나가고 어느덧 새로운 정부를 위한 새 대통령을 뽑는 시간이 다가왔다. 현 정부는 서서히 물러날 준비를 위한 수순에 들어가야 했다. 사람들은 그렇게 믿고 있었고, 이 '국민과의 대화' 시간도 그렇게 이해하고 있었다.

그러나 그렇지 않았다. 2년 만에 국민과 마주한 문재인 대통령은 당초 약속한 국민과의 진솔한 대화를 하지 않았다. 서울 여의도 KBS 공개홀에서 진행된 '국민과의 대화—일상으로'는 KBS가 주말 황금시간대에 편성해 KBS1 채널을 통해 생방송되었다. 정권 말기 다음 대선을 몇 달 남긴 이 시점에 마지막으로 국민들은 국정 운영 전반에 대한 대통령과의 진솔한 대화를 기대했다. 코로나19와 부동산 폭등 문제는 물론 대장동 개발 의혹, 고발사주 의혹, 임대차 3법을 비롯한 종합부동산세 부과 등 너무도 중대한 각종 현안이 산적해 있는 현 시점에 국민과의 대화는 절실한 것이었다.

　　그러나 대화는 잘 이루어지지 않았고, 100분이라는 긴 시간 동안 질의는 코로나19에 집중됐다. 이 정부에서 잘 해냈다고 자찬하는 이른바 'K—방역'의 성과는 대통령님의 지도 덕분이라는 국민 패널의 격려에, 김 대통령은 겸손하게 "우리 온 국민이 함께 이룬 것"이라고 응답했다.

　　KBS가 여론조사기관을 통해 연령과 성별, 지역 등을 고려하여 선정한 300명의 '국민 패널'은 진행자인 여성 아나운서가 방송 중 간중간 질문과 답변에 "각본이 없다"고 강조했지만, 민감한 현안에 대한 불편한 질문은 없었다. 코로나 백신 접종 인센티브는 언급됐지만, '백신 미접종자에 대한 역차별' 문제에 대한 대통령의 의견은 없었고, '화이자, 모더나 백신 가짜뉴스 대책'은 언급됐지만, '백신 부작용' 피해자에 대한 새로운 대책은 나오지 않았다.

가장 핵심적인 주제인 청년실업과 부동산 폭등 문제, 그리고 민감한 정치 현안에 대한 질의응답은 찾아보기 힘들었다. 오히려 문 대통령은 코로나19로 타격을 받은 고용이 지난달까지 대체로 회복됐고, 부동산 가격도 안정세로 접어들고 있다고 자평했다. '임기 중 아쉬웠던 점'에 대한 질문에는 부동산 대책을 꼽았다. 하지만 이후 "부동산 질문을 더 받겠느냐"는 진행자의 질문에 문 대통령은 "괜찮다"고 답했고, 그것으로 끝이었다. '포스트 코로나' 관련 질의로 '국민과의 대화'는 마무리됐다.

그 후 모든 언론매체는 모처럼 열린 국민과의 대화에 대하여 매우 부정적이었다. '자화자찬', '김빠진 맥주', '이것이 대화인가?' '왜 했나?' 등 아까운 시간만 허비했다는 평가가 줄을 이었다.

그렇지만 처음과 끝부분에 문재인 대통령이 남긴 한마디가 강하게 남았다. 그는 이날 '국민과의 대화'를 시작하며 "임기가 6개월 남았는데 아주 긴 기간이라고 생각한다. 굉장히 많은 일이 일어날 수 있는 기간"이라고 강조했다. 이 말이 던지는 충격파가 너무 커서 며칠을 두고 뇌리에서 사라지지 않았다. 무슨 의미일까?